THE FLOWING LEADERSHIP

끊임없이 흘러넘치는 영향력

김선화 지음

박영story

추 천 사

내가 김선화 코치를 알게 된 지 벌써 20년이 흘렀다. 내가 김 코치를 처음 만난 것은 당시 우리 회사 출판사 편집장으로 일할 때였다. 부서가 많다 보니 그 파트에 따른 다양하고 독특한 캐릭터의 스태프들도 많았다. 그중에서도 김 코치는 누구와 대화를 하든, 어떤 회의에 참석하든 늘 본인의 순수한 의도대로 성실했고, 내게 큰 신뢰를 주었던 코치였다. 편안한 상황에서도 힘겨운 상황에서도 늘 흔들림 없이 그 누가 되었든 함께 하는 이들을 존중하며 최선을 다해 돕고자 하는 마음이 참 많았던 스태프였다.

그런 만남으로 나와 코칭의 연을 맺으며 열정적으로 코칭을 배웠던 김 코치가 10여 년간 도미 생활을 마치고, 한국에 돌아와 현재 글로벌코칭앤코치비즈니스의 회사를 설립하고 대표로 활동하고 있는 모습에 감격하지 않을 수 없었다.

사람은 자신의 목적과 핵심 가치대로 살 때 마치 레이스를 달리는 자동차처럼 놀라운 속도로 변화를 경험하게 된다. 또한 어떤 위기의 파도가 몰려와도 프로 서퍼처럼 그 파도를 오히려 즐기며 목적을 이뤄간다. 나무가 열매를 맺기 위해서는 햇빛과 물과 좋은 토양이 있어야 하듯 사람에게도 동기와 열정적 행동과 후원 환경이 갖춰졌을 때 타고난 존재 자체로 온전히 꽃필 수 있게 된다.

김 선화 코치의 "The Flowing Leadership"은 본인의 존재가치대로 살고자 원하는 의도와 실행력이 미국이라는 후원환경에서 꽃피운 탁월한 열매라고 하지 않을 수 없다. 대부분의 서양 철학자나 심리학자들이 궁극적으로 타인을 돕고자 하고 인간의 가시적 한계에서 벗어나 외부와 연결되고자 하는 자기초월의 동양철학에 귀착하는 이유는 합리적이고 현실적인 자기실현의 욕구에 한계를 느끼기 때문이다.

"The Flowing Leadership"은 '나다움의 나' 진정한 존재로 행복한 개인을 만드는 것에 그치지 않고, 김 선화 코치가 경험한 그 무한한 잠재적 존재로서의 가치가 개인을 넘어 관계하는 모든 이들에게 흘려보내는 자기초월적 높은 가치의 순수한 의도가 담긴 책이라 생각한다. 나는 인류가 참 나의 의도대로 살도록 감동을 주며 코칭을 하는 것이 내 존재의 의도이다. 그래서 "The Flowing Leadership"에 믿음과 희망을 가지고 이 책의 홍보요원이 될 정도로 후원과 지지를 아끼지 않기에 현재 영향력을 미치고 있는 모든 이들에게 이 책의 일독을 적극적으로 권하는 바이다.

- 폴정 Ph.D. 국제 전문코치

The Flowing Leadership

프롤로그

미국에서 한국으로 돌아온 지 1년 정도 되었을까? 일상에서 잠시 벗어나 재충전을 위해 짧은 주말여행을 가족과 함께 떠났다. 점심 식사만 하고 돌아오는 스케줄로 출발한 나들이여서 특별한 목적지가 있는 것은 아니었다. 강과 산이 있는 경기도 근처 어디쯤일까? 남한강과 북한강이 수백 리를 흘러오다 만나는 두물머리의 광경을 볼 수 있는 산사를 우연히 방문하게 되었다.

지금도 생생한 기억은 돌로 만든 세숫대야 크기의 석조 안에 졸졸졸 흐르며 떨어져 그득 차 흘러넘치는 샘물을 짧고 가는 파이프로 연결해 산행하는 이들의 목을 축이게 했던 옹달샘이다. 산사의 역사만큼이나 그 긴 세월, 마르지 않고 흘러넘치는 샘의 근원은 어디일까? 노자는 그의 제자 백은에게 도(道)의 깨달음을 깨우쳐 줄 때 깊은 옹달샘에 비유해 옹달샘의 물이 나오는 근원인 땅속 깊은 곳의 물을 솟게 하는 공동(空洞)을 도의 절대 본체로 비유해 설명하기도 했다.

내 인생을 반추해 보면 영혼을 돌보는 사역자, 수많은 저자와 인터뷰를 하고, 원고를 윤문하며 책을 만들었던 편집장, 나의 존재가치대로 많은 이들에게 기여와 영향력을 흘려보냈던 전문코치로서의 세월이 현재 글로벌코칭앤코치비즈니스 펌(firm)을 경영하는 대표가 되게 했다.

그 모든 일을 경험하면서 깨닫게 된 것은 사람과 관계라는 필연의 끈 속에서 서로에게 오갔던 영향력이 결국 자전적 삶이 되게 하기도 하고, 역사에 흔적을 남기는 영웅이 되게 하기도 한다는 생각이었다. 그러면서 인간으로 태어난 우리 모두는 영향력을 주고받는 존재라는 깨달음이 나로 하여금 리더십(Leadership)에 깊은 관심을 갖게 했다.

특히 오랜 세월 전문코치로서 리더십을 강의하고 리더들을 코칭하면서 산사의 옹달샘처럼 끊임없이 흘러넘쳐 산을 오르는 이들에게 해갈을 주는 그런 영향력에 대해 의식이 생기기 시작했고, 그러한 의식이 내 인생의 마디마디에서 경험되었던 영향력에 대해 앎(knowing), 존재(Being), 선택(Choosing), 삶(Living)이라는 주제들을 "The Flowing Leadership"으로 정리하게 되었다.

이 책에서 언급한 'Flowing'은 심리학자 칙센트미하이 교수가 몰입에서 언급한 'Flow'-몰입(沒入, flow)은 주위의 모든 잡념, 방해물들을 차단하고 원하는 어느 한 곳에 자신의 모든 정신을 집중할 때의 느낌을 '물 흐르는 것처럼 편안한 느낌'을 표현하는 의미로 'Flow몰입'-와 같은 의미가 아님을 먼저 밝혀둔다.

"The Flowing Leadership"에 쓰인 'flowing'의 의미는 오히려 'overflowing' '흘러넘치'는 의미로 받아들이는 것이 이해가 쉬울 것 같다. 노자가 비유한 샘의 근원인 공동(空洞)을 찾을 수 있게 되고, 그 샘(원천의 구멍)에서 마르지 않고 끊임없이 흘러넘치는 영향력이 'Flowing'되는 것이다. 그런 영향력을 나는 'Flowing Leadership'으로 표현했다. 다시 말해 내가 의식하지 않아도 끊임없이 샘솟는 그 영향력이 관계하는 모든 이들에게 저절로 흘러넘쳐 변화와 성장을 주는 리더십으로 이해하면 좋을 것 같다. 외부의 환경, 조건, 시스템보다는 인간의 내면으로부터 흘러넘치는 영향력을 의미한다.

따라서 내가 알게 된(Knowing) 고난, 인간관계, 자연에 대한 깨달음과 샘의 근원의 공동과 같은 존재, 무의식을 포함한 의식의 세계를 통해 진정한 나(Being)를 인식하며, 이성과 직관을 통해 선택(Choosing)했던 그 속에서 플로잉 리더십이 비롯됐다. 그러한 리더십을 지속하기 위해 명상(& EFT)과 이미지 힐링을 삶(Living)의 실천으로 삼았던 여정이 곧 내 인생이었다. 특히 미국에서 경험했던 10년의 세월이 이러한 '플로잉 리더십(Flowing Leadership)'을 더욱 명료하게 해주었다.

"인간은 사회적 동물이다. Humans are social animals." 아리스토텔레스가 말한 것처럼 이 세상의 어떤 사람도 다른 사람과의 관계를 벗어나 살 수 없다. 이것을 서로에게 영향을 주고받으며 살 수밖에 없는 존재로 이해한다면, 기업의 총수, 임원, 팀장, 팀원, 교수, 의사, 과학자, 목회자, 교사, 돌보미, 미화원, 부부, 부모, 동료, 친구, 이웃, 청년, 청소년, 유소년 등 남녀노소, 모든 종사의 영역을 불문하고 지금 이 책을 읽고 있는 당신이 어떤 조직, 단체, 가정에 속해 있건, 홀로 있건 당신이 처한 그 자리에서 리더십을 발휘하는 존재이다.

'플로잉 리더십The Flowing Leadership'의 책을 쓰면서도

역시 내게 깊은 영향력을 준 분이 있다. 바로 폴정 박사다. 2000년 초에 한국에 최초로 코칭을 소개하고 그 문화를 펼쳤던 분이다. 나는 폴 박사를 통해 코칭을 알게 되었고, 그분께 코칭을 배우면서 내 존재가치를 깨닫게 되었다. 그 존재가치대로 사는 삶이 무엇인지 인식하게 되었다.

내가 10년 동안 미국에서 생활하게 된 동기 역시 그러한 영향력 때문이었다. 15년의 세월이 흐른 지금 폴 박사를 다시 만나게 되었고, 그분이 준 응원지지, 격려에 힘입어 플로잉 리더십을 마무리하게 되었다. 현재 폴정 박사는 한국과 중국에서 코칭 운동에 기여한 세계 최초 ICF & IAC 동시 마스터 코치 인증 자격증을 취득하고, 지금까지 중국 홍콩 대만 일본 한국에서 아시아 최대 프로코치들을 양성하면서 활발히 활동하고 있다.

또한 이 책을 잘 쓸 수 있도록 나를 응원·지지 해주신 코치들이 아주 많다. 책을 쓰고 강의하는 일에만 집중할 수 있도록 도와주신 민태홍, 조재민, 차명훈, 한아름, 박연희, 김수진, 정유진, 길 코치를 비롯한 함께 하고 계신 모든 코치분들과 영적 도전을 주셨던 한종수, 진유철, 김병삼 목사님께 깊은 감사를 드린다.

코칭 펌을 시작할 때 응원을 아끼지 않으신 나의 부모님, 존재하는 자체만으로 내게 힘이 되는 아들, 예찬. 에너지를 낭비하지 않고 현재 일에 전념할 수 있도록 배려를 아끼지 않은 남편, 남궁 용. 내게는 참 고마운 가족들이다. 또한 플로잉 리더십The Flowing Leadership을 출판해 주신 박영사, 박영스토리 관계자분들께 깊은 감사의 마음을 전한다.

2021년 2월

우주의 지혜가 춤추는 공간에서

김 선화 코치

The Flowing Leadership

목 차

The Flowing Leadership

CHAPTER 1

값진 고난을 통한 앎

KNOWING

The Flowing Leadership

고난

에고의 허물 벗기

보스턴 대학의 한 연구에서 7세 어린이 450명을 40년 간 추적 연구한 결과 성공과 성취에 가장 영향을 미친 3가지 요인 중 하나가 '좌절을 극복하는 태도'로 보고했다. 다시 말해 회복탄력성이다. 회복탄력성이란 '제자리로 돌아오는 힘'을 의미한다. 이것은 고난이나 역경을 이겨내는 힘이다. 고난과 역경을 이겨내는 마음의 근력은 내면으로부터 흘러넘치는 플로잉 리더십에 매우 든든한 기반이 된다.

일상에서 겪게 되는 소소한 갈등, 실수, 때론 짜증스러운 일에서부터 인생에 이정표가 되는 해일과 같은 고난, 역경, 예측불허의 상황에 이르기까지 우리는 늘 극복해야 할 일들과 마주한다. 이러한 어려움을 극복해내면서 마음의 힘이 길러지고, 이렇게 쌓인 내면의 충만한 힘이 흘러넘쳐 선한 영향력이 된다.

앎은 배운 것을 기계적으로 외워서 되는 것이 아니다. 그것은 내가 몸소 깨닫고 느끼며 머릿속의 이론이 가치와 의미로 거듭날 때 진정한 앎이 되는 것 같다. 그래서 그 가치와 의미가 개인에게 철학을 만들고, 그 갈피를 더해가며 내공이 될 때 그 앎은 빛을 발하게 되는 것이 아닐까? 이러한 내공이 마치 운동으로 만들어진 근육처럼 마음을 단단하게 하는 심력을 만들어 주기도 한다.

과거 편집장을 하면서 잡지의 커버스토리와 기획된 책을 만들기 위해 각계각층의 수많은 리더를 만나 인터뷰를 하면서 그들이 고지에 깃발을 꽂기까지 통과의례와 같은 코스가 바로 고난이란 사실을 일찍이 알고 있었다. 그래서 리더십에 있어 고난은 진정한 내면의 힘을 빚어 가는 과정이고, 그 어려움 속에서 자아(ego)의 허물을 벗으며 오뚝이처럼 다시 일어나는 내성을 갖도록 훈련해 준다. 이렇게 머리로만 알고 있었던 지식이 가슴으로 내려오기까지 40여 년의 세월이 걸렸다. 아이러니하게도 이러한 사실을 깨닫게 된 것은 전문가로 인정받았던 데스크의 자리가 아닌 미국에서 10년을 살면서 겪은 고난을 통해서였다.

2007년 1월 캘리포니아 얼바인에 정착하게 되었다. 첫 번째 찾아온 고난은 그곳에 간 지 딱 석 달 만이었다. 당시 영국의 고전 교육가 샤롯 메이슨의 4권의 책과 'Teaching The Trivium' 원서를 번역하는 계약을 해, 1년 정도 미국에서 생활할 수 있는 학비와 생활비를 충당할 수 있는 상태였고, 직장생활을 하면서 통장에 현금도 좀 있었다.

그런데 내가 생각했던 미국이 아니었다. 자녀의 등하교를 부모가 라이드(ride)하는 문화였다. 아파트를 구하는데, 아예 전세 개념은 없었다. 매달 1일에 임대료를 지불하는(rent fee) 월세로 구해야 했다. 지금은 우리나라도 월세가 있지만, 그 당시 한국에서 집을 구할 때는 매매나 전세가 전부였기에 월세로 산다는 것에 적응이 되지 않았다. 매달 천오백불(백오십만원) 정도의 돈을 그냥 버린다는 느낌이었다.

아파트로 이사를 했지만 한국과 달리 내가 이용할 아파트 우편함도 관할 우체국에 가서 직접 등록(set up)하고, 우편함 키를 받아와야 했다. 인터넷을 연결하기 위해 콕스 사무실을 직접 방문해야 했고, 전기를 사용하기 위해 전화를 걸면 자동응답기에서 이야기하는 말을 알아들을 수가 없었다. 그래서 직접 운전해 에디슨 사무실을 찾아가야 했다. 언어도 길도 낯설기만 했던 초창기 시절은 일상생활이 도전 그 자체였다.

승용차도 현금으로 구입하고, 당시 학생비자였기에 대출도, 코사인(보증 서 줄 사람)도 불가능했기 때문에 석 달 치 렌트비를 보증금(deposit)으로 미리 내야 했다. 랭귀지스쿨(Languge School) 1년 치 학비를 등록하고 나니, 현금은 바닥이 났고 한국 출판사에서 들어오는 번역비 역시 미국에서 지출해야 하는 날짜와 사이클이 맞지 않았다. 오로지 커리어 우먼으로 직장생활만 했던 나는 공부, 일, 아이 양육까지 그 중압감은 이루 말할 수 없었다.

어쩔 수 없이 일자리를 찾아야만 했다. 그것도 아들을 돌봐야 했기 때문에 살고 있는 얼바인 내에서 구해야만 했다. 변호사 사무실, CPA 사무실, 신문사에 지원해 서류합격은 했지만, 인터뷰 때 신분(status)으로 인해 일자리를 구할 수 없었다. 아들을 굶길 수는 없었기 때문에 내 생애 처음으로 육체노동에 도전할 수밖에 없었다. 키 153센티미터, 45킬로그램, 작고 호리호리해 보호 본능을 일으키기에 충분했던 나의 외모는 가사도우미로서 호감이 가는 외모가 아니었다. 3차례 거절을 당했다. 그러나 끊임없이 찾고 두드리는 것 외에 방법이 없었다.

거주하는 아파트에서 운전해 10분 거리의 가까운 곳에서 가사도우미 구인 광고를 보고 전화를 걸었다. 신분증을 가지고 방문해 달라는 요청을 받았다. 나의 상황을 솔직하게 이야기했다. 나는 학생 비자여서 일한 대가를 현금으로 받아야 하고, 월급이 아닌 주급으로 지불이 가능하냐고 물었다. 여주인은 기꺼이 그렇게 하겠노라고 했다. 이상하게도 그녀는 가사도우미로써 부족했던 나의 외모를 전혀 개의치 않았다. 내심 천만다행이라 생각했다.

내가 나를 봐도 요리, 청소, 가사일은 미숙하기 그지없었다. 일한 대가를 받기가 민망할 정도였다. 그런데도 그녀는 내가 요리한 음식이 너무 맛있고, 막내딸 조이가 너무 좋아한다고 나를 격려해 주었다. 몸이 힘겨워 손과 발이 붓는 것을 그때 처음 경험했다. 집에 도착하면 침대에 쓰러질 수밖에 없었다. 엄마의 그런 모습에 뭔가 위로가 되고자 팔과 다리를 주물러 주는 아들의 손길에 다시 힘을 얻곤 했다.

서울에 있는 남편에게 이러한 상황을 이야기하면 당장 돌아오라고 할 게 뻔했다. 능력 있는 여자니 걱정하지 말라고 당당히 이야기 했었는데⋯. 도저히 감당할 수 없는 이 상황을 이겨내기 위해 새벽마다 일어나 간절히 매달릴 수밖에 없었다. 그러던 어느 날, 마음속에 '너 사역자로 일했었잖아!'하는 생각이 올라왔다. '아 그렇지!' 너무 오래전 일이라 까마득히 잊고 있었다. 그 생각이 든 순간 바로 컴퓨터를 켜고 얼바인 내에 있는 비영리단체 3곳의 홈페이지에 들어가 담당자에게 이메일로 내 이력서를 첨부해 보냈다.

사람을 채용한다는 구인 광고를 낸 곳이 아니었다. 누가 봐도 미친 짓이었다. 그리고 또 다시 하루의 일과를 시작했다. 가사도우미로 일한 지 3일째 되던 날 휴대폰으로 문자가 왔다. 이력서를 낸 3곳 중의 한 곳이었다. 언제 인터뷰가

가능하냐는 문자였다. 그즈음 기가 막히게 조이네 집에 서울에서 고모님 부부가 방문해 온 가족이 여행을 가야 했기 때문에 일을 하러 가지 않아도 되었고, 나는 그날 인터뷰를 하게 되었다.

인터뷰한 분은 다행히 나를 맘에 들어 하셨다. 문제는 신분(status)이었다. 원래 영주권자 이상을 채용해야 했다. 그분은 조직의 커뮤니티를 설득해 볼 테니 기다려 달라고 하셨다. 당연히 나는 그러겠다고 약속을 하고 돌아왔다. 며칠이 지나 기적과 같은 일이 일어났다. 다시 연락을 받고 정식 출근을 언제부터 할 수 있느냐는 전화였다.

우주의 섭리

조이 어머니에게 어떻게 이야기해야 할지 고민이 되었다. 조이는 소아 당뇨로 매일 주사를 맞으며 당 조절 때문에 먹고 싶은 음식을 절제하기 위해 엄마와 늘 씨름을 하는 상황이었다. 조이 어머니는 막내 조이를 낳고 산후조리를 잘못한 후유증으로 평범한 사람들처럼 가사 활동을 제대로 할 수 없는 처지였다. 오랜 기간 가사도우미로 일했던 분이 피치 못할 사정으로 일을 그만두게 되어 그 일을 내가 하게 된 상태였다. 그것도 일한 지 열흘 만에 그만둔다고 이야기를 해야 하니 너무 미안한 마음이 컸다.

하지만 이야기를 해야만 했다. 실은 한국에서 편집장으로 오래도록 일하다가 자기계발과 아이 교육을 위해 랭귀지스쿨에서 입학 허가를 받아 학생비자로 유학을 왔고, 여차여차해서 얼바인 내 어느 비영리단체에서 일하게 되어 이 일을 그만두게 되어 너무 죄송하다고 말하자, 조이 어머니는 놀란 표정으로 입을 다물지 못했다.

조이 어머니는 독실한 크리스천이었다. 내가 일을 시작한 다음 날 아침 QT(기도와 묵상, 성경을 읽으며 하나님을 만나는 조용한 시간)를 하는데, '집에 온 그 사람이 책과 관련된 사람이니, 네 이야기를 하라'는 마음의 음성을 들었지만, 실수를 하고 싶지 않아, 물어보지 못하고 있었다고. 그런데 그 말을 내 입을 통해 직접 확인하고 나니 할 말이 없다고.

그녀가 새벽기도를 할 때마다 책장이 넘어가는 소리

를 들려주시며, 그녀의 인생 이야기를 책으로 펴내라는 그분의 음성을 들을 때마다, 그녀는 '말도 안돼요. 어떻게 제가 책을 써요. 못할 것 같습니다.' 몇 번을 부인하다, '그렇다면 책을 쓸 수 있도록 전문가를 보내 주시면 뜻으로 알고 순종하겠습니다.'라고 기도하던 중이었다. 그녀의 말을 듣고 나 역시 놀라지 않을 수 없었다. 어떻게 이런 일이….

내가 조이네 집에 가게 된 것은 나의 필요 이전에 그녀의 간절함에 의한 필연적인 끌어당김이었다. 한국에 있던 나를 얼바인으로 가게 했고, 그곳에서 책을 써야만 하는 그녀의 간절함이 가사도우미라는 타이틀로 나를 만나게 한 것이다. 첫 직장에서 근무하면서 그녀가 계속 원고를 쓸 수 있도록 코칭을 했다. 힘든 상황에서도 그녀는 지속적으로 글을 쓸 수 있게 되었다. 나는 그녀를 코칭하며 사이드 잡(side job)의 수입을 창출할 수 있었다. 결국 1년 반 만에 한국에 있는 모 출판사에서 "내 안에 심겨진 가시나무"라는 타이틀로 그녀의 책이 출판되었다.

이러한 경험은 그간 간접적으로 들었고 읽었던 고난을 가슴으로 깨닫는 순간이었다. 그러한 깨달음은 그간의 내 전문 직업과 재능에 대해 반추하는 시간이 되었고, 외적으로 드러나는 것은 육체노동이었지만 결국 인간은 자신의 존재대로 살 수밖에 없다는 것을 새삼 깨닫는 계기가 되었다.

온실 속의 가시

2007년 8월 15일 직장으로 첫 출근한 날짜다. 지금 생각해 보면 미국문화에 대해 너무 몰랐던 나는 3년 동안 온실과 같은 그곳에서 미국을 조금씩 알아갈 수 있었다. 모두 미국에 처음 정착했을 때 어렵고 힘든 과정을 경험한 분들이었기 때문에 동병상련의 마음으로 말 한마디, 건네는 눈빛마저 따스했다.

나는 그곳에서 베이비 샤워(Baby Shower), 거라지 세일(garage sale), 스탑 사인(Stop Sign), 밸런스(Balance, 통장잔고), To Go 문화(음식을 싸 가지고 오는 것) 등 미국의 문화를 알아가기 시작했다. 한국에서 내가 알고 있는 영어 단어들이 미국 현지에서는 전혀 다른 의미로 사용되고 있었다. 언어는 그 나라의 문화를 담고 있다는 의미를 알 것 같았다.

초등학교 졸업식도 참석 못하고 온 아들을 학교에 입학시켜야 했다. 미국은 한국과 달리 첫 학기가 9월에 시작된다. 1월에 도착했기 때문에 중학교에 입학할 그 시기는 1학년 2학기였다. 1년이 아닌 반 학기를 공부하고 2학년으로 올라가야 하는 상황이었다. 어학수업(ELS)도 함께 병행해야 하는 아들에게 학업이 너무 큰 부담이 될 것 같았다.

그래서 아들이 입학한 Rancho S. J. Middle School에 학부모 면담신청을 했다. 교장 선생님을 만나 아들의 상황을 이야기하고, 1학년에 한 학기를 더 머물게 하기 위한 목적이었다. 물론 미국 생활 초창기였기에 나 혼자는 소통이 어려웠다. 아는 분께 시간당 비용을 지불하고 함께 면담에 참석했다. 공립학교 입장에서는 아이들을 제 코스에 올려보내 졸업을 시키는 것이 원칙이었다. 2시간의 대화 끝에 교장은 아들을 1학년 한 학기 더 공부할 수 있도록 허락해주었다. 다행히 아들의 생일이 8월이었기 때문에 1학년으로 한 학기를 더 공부해도 나이에는 문제가 없었다.

나는 이 면담을 통해 그간 전혀 느끼지 못했던 나 자신에 대한 무능함, 소외감을 경험했다. 모든 미팅 테이블을 주도적으로 인도하며 협상의 끝은 늘 좋은 결과만을 이끌어 왔던 자신이 한없이 작게 느껴졌다. 내 의견을 나 자신이 직접 말하지 못하고 있는 자신에 대해 '김선화, 너 지금 뭐하고 있니?' 이런 비난을 스스로에게 던져본 첫 순간이었다. 그간 알지 못했던 부정적 감정에 대해 인식하기 시작했다.

나는 기쁜 마음으로 일을 시작했고, 감사하게도 영주권 스폰서까지 되어준 그야말로 좋은 직장이었다. 그래서 바로 영주권 신청을 할 수 있었다. 나중에 알게 된 사실이지만 미국에 온 지 몇 달 되지 않아 생활비를 안정적으로 받고 스폰서까지 동시에 해결된 경우는 극히 드문 경우라고. 미국에 20년을 넘게 살아도 아직 신분이 해결되지 못한 분이 너무나 많다는 사실을 나는 시간이 지난 후 알게 되었다. 매달 받는 급여 역시 신분에 상관없이 제대로 받았고, 사모님께서 지불받은 check(수표: 미국은 급여를 check를 발행해 지불한다.)를 현금으로 바꿀 수 있는 분도 소개해 주셔서 생활에 전혀 불편함이 없었다.

그런데 이러한 좋은 환경에서도 갈등은 있었다. 나의 일하는 방식에 대한 태클이 들어오기 시작했다. 계획한 일을 순서대로 잘 진행하기 위해 미리 재확인하고(remind), 나의 보스가 시간을 효율적으로 사용할 수 있도록 행동하는 업무 스타일이 주변 사람들에게는 곱게 보이지 않았던 것 같다.

특히 문제가 드러나게 된 계기는 대외적으로 큰 행사의 이취임식을 준비하고 진행하면서였다. 행정 담당자는 이러한 대외적인 큰 행사를 치러본 경험이 없다면서, 내가 그 일을 전적으로 맡아 주었으면 좋겠다고 했다. 보스도 이러한 상황을 알고 필요한 것은 도움을 청하며 잘 준비하라고 하셨다.

일은 순조로웠다. 당시 캘리포니아 주지사의 축하 메시지도 직접 관계자를 섭외해 순서지에 넣었고, 축사, 권면사, 사회자, 진행 순서와 이취임식 후 리셉션까지 담당자들과 소통하며 실수 없이 잘 진행된 행사였다. 외부 손님들께 수고 많았다는 칭찬과 격려를 받으며 행사는 마무리되었다.

그런데 행사를 치르고 난 후 주변 사람이 내게 보낸 반응은 전혀 달랐다. '너무 앞서간다', '너무 잘난척한다', '가르치려 든다.'…. 그간 성취와 추진력으로 목표를 달성해 성과를 냈던 자신의 장점과는 전혀 다른 이야기를 듣게 되었다.

어떤 분은 내게 직접 찾아와 왜 행정 담당자가 해야 할 일을 나서서 하냐고 했다. 물론 상황을 설명했다. 그러나 이제껏 큰 행사를 치르며 들어온 지 얼마 되지 않은 사람이 실수 없이 일을 해낸 것에 그들은 적응하지 못하는 것 같았다.

나와 함께 일하기가 힘들다고 이야기한 분도 있었고, 내게 직접 이야기를 못하고 다른 사람을 통해 어려움을 이야기하기도 했다. 보스는 너무 탁월하고 책임감 있고 실행력이 있어 오히려 편하고 좋다고 하셨지만 주위 사람들의 어려움도 포용해야만 했다.

그때 즈음 매주 화요일마다 일하는 스태프들이 함께 둘러앉아 회의를 진행했다. EM(영어권), KM(한국어권) 스태프들이 함께하기 때문에 한국말을 영어로 통역해 주는 스태프가 있었다. 그런데 그날 회의는 내가 인도하는 순서였는데 개인 사정으로 그 스태프가 참석하지 않은 것이다.

나도 이것을 어떻게 이해해야 할지 몰랐다. 그 전날 밤 인도할 아젠다를 정리하는데 왠지 영어로 번역을 준비해야 할 것 같다는 생각이 갑자기 들었다. 10가지 아젠다를 한국말로 정리하고 그것을 다시 영어로 영작했다. 그리고 완벽히 외웠다. 그런데 아니나 다를까? 통역 담당 스태프가 참석하지 않은 것이다.

보스는 누구라도 통역할 수 있는 분이 하면 좋겠다고 말씀했지만 어느 누구도 나서지 않았다. 회의는 시작되었고, 나는 1번부터 10번까지 한국말에 이어 영어로 유창하게 통역해 회의를 마쳤다. EM 스태프 한 분은 본인이 알아들을 수 있도록 통역까지 해줘서 정말 고맙다는 인사를 했다. 회의가 끝나고 바로 오전 KM 스태프 모임이 있어 부속실로 들어서자, 모두 어떻게 그렇게 영어 실력이 빨리 늘 수 있었냐고 방법을 알려 달라고 이구동성으로 물었다. 나는 영어 실력이 아니라 내 직관 때문인 것을 알고 있었다. 저보다 더 잘하시는 분들이 왜 그러시냐고 더 잘하라는 격려로 알겠다고 하면서 넘어갔다. 모두 나보다 8~10년 정도 미국생활의 대선배들이었다.

여러 갈등, 사건 중에도 소소하게 서로의 마음과 작은 물질도 나누며 새록새록 정이 들어갔다. EM 스태프와 아들의 미국 교육에 대해 이야기도 나누고, 감사하게 아들 개인

공부도 지도해 주기도 했다. 초창기 많은 이들에게 여러 부분에 도움을 참 많이 받았었다.

두 번째 위기

영주권 신청을 한 지 1년 반이 지났지만 서류는 움직이지 않았다. 변호사가 나의 포지션을 잘못 매칭해 감사(audit)에 걸린 상태였다. 고민 끝에 첫 번째 영주권 신청을 취소하고 전문 직장인으로 H1 비자를 신청했다. 마감 날짜를 일주일 앞두고 급하게 신청했는데 다행히 비자가 나와 정식으로 일을 할 수 있는 신분이 되었다. 2년 안에 영주권을 신청하면 문제가 없었다. H1 비자를 받고 3개월이 지나 다시 영주권 신청을 하게 되었다.

두 번째 영주권을 진행하기 위해 다른 변호사를 선임했다. 대학원 이상의 학력을 가지고 있었기 때문에 전문인 취업으로 영주권을 신청할 수 있다고 했다. 다음 세대에 비전이 있는 단체이기 때문에 비전과 가치의 방향성에 맞춰 다음세대를 위한 프로그램개발자 포지션으로 서류를 작성해 넣었다. 그런데 노동청에서 그 포지션의 연봉을 7만불(7천만원 이상)이 넘게 책정한 것이다.

커뮤니티는 이것은 도저히 감당을 할 수 없는 금액이라고 결론을 내렸고 더 이상 진행이 어렵다는 통보를 받았다. 2달의 노티스를 받았다. 그동안 출근을 하지 않아도 급여를 지급할테니 다른 직장을 구하라는 이야기였다. 변호사에게 들은 이야기를 보스한테 말씀드렸다. 아직 H1 비자 기간이 1년 반 정도 남았기 때문에 급여는 H1 비자에 맞춰 받아도 문제가 되지 않으니, 다시 한번 커뮤니티와 논의해 주시기를 부탁드렸다.

보스는 어떻게든 도움을 주려고 노력했지만 커뮤니티의 완강한 반대를 막아내기 쉽지 않았다. 변호사는 이제 한 단계만 지나면 영주권이 코앞에 있으니, 어떻게든 현재 받고 있는 급여와 동일한 직장을 구하면 이제까지 지원된 서류의 연장선으로 계속 영주권이 진행되지만, 그렇지 않으면 처음부터 다시 시작해야 한다고 했다. 변호사 비용을 비롯해 아들이 대학교에 진학하기 전에 영주권을 받아야만 하는 상황이었다.

그런 와중에 2달 전 한국기독교출판협회 회장님이 동부에서 진행되는 도서전시회(Book Fair)에 참석한 후 LA에 볼 일이 있는데, 혹시 공항에서 LA까지 라이드를 해 줄 수 있느냐는 이메일을 받았다. 나는 가능하다고 회신을 했다. 그때는 이런 위기 상황이 닥칠 것을 전혀 예상하지 못했기에 흔쾌히 답변을 했다.

어느새 그분을 라이드해야 할 날짜가 되어, 공항(LAX)에서 LA까지 그분을 픽업해 라이드하며 이런 저런 이야기를 나누다가 지금 닥친 나의 어려움도 이야기하게 되었다. 회장님 역시 안타까워하셨다. 숙소까지 라이드를 해드리고 나는 얼바인으로 돌아왔다. 이 위기를 어떻게 극복해야 할지 앞이 캄캄했다. 아들에게는 불안한 마음을 갖게 하고 싶지 않아 이야기하지 않았다.

삼일을 금식했다. 나는 평소 소식(小食)을 하는 편이고 기본 체력이 약하기 때문에 먹어야 할 양을 거르면 몸이 금세 지쳤다. 지금 생각해 보면 그 당시 그 일은 내 생에 가장 큰 위기였다. 미국에 적응하기 위해 겪었던 초창기 어려움과는 비교할 수 없을 만큼 마음이 힘들었다. 미움, 배신감, 섭섭

함, 좌절감, 여러 감정이 나를 휘감았다. 나 스스로 힘을 빼지 않고는 이런 감정들을 떨쳐버릴 수 없었기 때문에 금식을 해야만 했다.

점점 몸에 힘이 빠지기 시작하면서 그런 감정들도 사라지기 시작했다. 그리고 소리를 낼 수도 없어 마음으로만 간청했다. 이 위기를 극복할 수 있는 지혜를 달라고…. 이틀째 되는 날은 죽을 것만 같았다. 물로 입술을 축이기만 하다가 이튿날부터는 물을 마시기 시작했다. 첫날은 물도 넘어가지 않았다. 이틀째 저녁이 되니 마음에 평정심을 찾을 수 있었다. 죽을 것만 같은 그 순간, 모든 것이 용서되고, 모든 것이 용납되며, 그 누구도 사랑할 수 있는 마음이 되었다.

몽롱한 정신 속에서 고요하고 평안함을 느꼈다. 나는 꿈을 잘 꾸지 않는 편인데, 그 몽롱함 속에서 잠시 꿈을 꿨다. 백사장의 해변에 가자미같이 생긴 물고기들이 가득 널려 있었다. 안쪽은 하얗고 겉은 가자미 빛깔 위에 밤색 점들이 가득한 물고기였다. 나는 신문지에 물고기 몇 마리를 싸 가지고 집으로 돌아왔다. 그런데 신기하게도 내 책상 서랍 안에도 신문지에 싸 가지고 온 것과 똑같은 물고기들이 가득

차 있었다. 놀라며 꿈을 깼다.

나는 지금도 이 꿈이 어떤 의미인지 확실히 모른다. 하지만 그 당시 느낌은 있었다. 사흘째는 몸을 전혀 움직이지 못하고 침대에 누워 계속 몽롱한 상태의 고요함과 평안함만을 느꼈다. 그리고 편안한 마음으로 지금의 이 위기를 일상으로 받아드리게 되었다.

다시 뭔가를 시작할 수 있을 것 같았다. 금식을 마치고 다음 날 아침 커뮤니티를 대표하는 분께 그리고 나의 보스를 참조(CC)로 이메일을 보냈다. 그동안 너무 좋은 환경에서 일을 할 수 있었고, 받은 사랑에 감사한다는 마음을 전했다. 그리고 좋은 소식을 전하겠다는 희망의 글로 작별 인사를 할 수 있었다.

그렇게 일주일이 지났을까? 한국기독교출판협회 회장님께 전화가 왔다. 지금 서울로 돌아가기 위해 공항이라고 하시면서 어떤 분이 연락을 할 거라고, 전화번호와 이름을 알려 주셨다. 나름 내게 도움을 줄 수 있는 분과 다리를 놓아 주신 것 같았다. 그분과 의논해 보면 길이 열릴 수도 있을 것 같다고 하시며 건강히 잘 지내라는 인사를 하고 전화를 끊으셨다.

　　하루가 지나자 그 번호로 연락이 와서 얼른 받았다. 출판협회 회장님을 통해 이야기를 들었다고 하시며 LA로 언제 올 수 있냐는 전화였다. 바로 갈 수 있다고 전화를 끊고 메모한 디렉션을 가지고 차에 시동을 걸었다. 그 당시 내 차에는 네비게이션이 없었고, 지금과 달리 휴대폰 어플도 없었던 시절이다. 3시간 정도 프리웨이를 달려 로컬 길을 헤매기도 하면서 겨우 도착했다.

　　그렇게 만나게 된 분은 기독교출판협회 회장님이 숙소로 계셨던 홈텔의 경영자였고, 신문사 대표이자 교회를 개척한 분이셨다. 얼바인의 이전 직장과는 비교할 수도 없이 작은 규모였지만 나의 사정을 듣고 이전에 받았던 급여와 똑같이 Check(수표)를 발행해 주시고, 영주권 관련 모든 서류도 준비해 주시겠다고 했다. 그분의 사모님께서는 그 신문사 편집부장으로 직책을 맡고 계셨다. 이런 인연으로 나는 크리스천투데이 칼럼리스트로 글을 쓰게 되었고, 6개월이 채 되지 않아 그린카드(영주권)를 받게 되었다. 그때의 감격은 이루 말할 수 없었다.

　내게 닥친 일련의 위기와 고난은 그것에 저항 없이 포기하지 않으면 반드시 길이 있다는 확신을 갖게 했다. 그 고난의 광야가 우주의 질서를 만든 그분의 또 다른 품이란 사실도 깨닫게 되었다. 나의 의지와 상관없이 겪게 되는 고난을 어떻게 할 수는 없지만, 그 고난을 대하는 마음과 태도는 내가 어떻게 할 수 있다는 깨달음이었다. 그래서 고난은 '상reward'이라고 말할 수 있게 되었다. 우리의 인생에 고난의 골짜기가 많으면 많을수록 결국 더 큰 왕관이 되기 때문이다.

　각자가 겪는 고난의 모양은 다를지라도 그 고난의 '상reward'은 그 어떤 역경에서도 그것을 극복할 수 있는 내면의 힘을 길러 심력이 되게 하고, 그러한 심력을 갖기 위해 에고를 벗어버려야 한다는 깨달음이었다.

보통 외적으로 드러나는 역량, 성과, 노하우 등으로 충분히 영향력을 미칠 수도 있다. 그러나 영향력의 범위가 넓고 깊어져야 하는 그 순간 사람을 끌어당기고 감동을 주는 것은 결국 내면의 힘이라고 생각한다. 고난을 통해 자신의 에고를 벗게 되고, 모난 부분이 깎이면서 고난의 범위가 클수록 사람에 대한 수용의 폭이 넓어진다. 궁극적으로 감동을 주는 영향력의 극치는 내면에서 흘러넘치는 힘(power)이다.

The Flowing Leadership

만남

미국 현지에서 일자리를 구해야만 고정비로 지출될 생활비의 주기가 맞았다. 결국 번역서 계약을 했던 출판사에 연락해 나의 상황을 이야기했다. 담당자는 당황한 기색이 역력했지만, 나의 상황이 워낙 급박하다는 것을 느꼈는지, 그럼 시작한 'Teaching The Trivium'은 어떻게든 마무리해 달라는 부탁이었다. 대신 샤롯 메이슨 책 4권은 다른 번역자를 찾아보겠다고 했다.

학교, 일, 아들을 돌보며 잠을 줄여가면서 번역한 끝에 "기독교적 고전교육"이라는 타이틀로 번역을 마무리하게 되었다. 지금 생각하면 도저히 가능하지 않았던 일들이고 다시하라고 한다면 과연 할 수 있을까? 무엇이 나로 하여금 초인적 힘을 발휘하게 했는지 의문이 들기도 했다.

한국에서 편집장을 하면서 협회의 정기 모임에 참석하며 활동을 했기에 내가 미국에 왔다는 것을 나와 관계한 출판사 경영자, 편집자들은 알고 있었다. 어느 날 그중 한 출판사에서 연락이 왔다. 캘리포니아 파사디나에 이러 이러한 분이 계시는데, 그분을 만나 인터뷰를 할 수 있느냐는 문의였다. 워낙 알려진 분이라 자기 출판사에서 기획해 책을 출판하자고 하면 수락을 할지 확신이 없는 상태에서 연락을 받았다. 연락처, 주소, 이름을 메모하고 전화를 끊었다. 그분을 만나기 위해 바로 서칭을 해보니, 전쟁고아로 어린 시절 한 슈나이더 박사와 운명적으로 만나 미국으로 입양된 한국계 미국인이었다.

　　가치 있는 삶

　　한국의 모 출판사에서 선생님의 기사글을 보고 제게 연락을 주셔서 전화를 드리게 되었다고 인사를 하면서 뵐 수 있는지 물었는데, 생각 외로 호의적인 목소리로 흔쾌히 만나고 싶다고 했다. 그 당시 그분이 계신 곳은 얼바인에서 2시간 30분가량 떨어진 곳이었다.

이제껏 일하면서 수많은 사람을 인터뷰했지만 골수암으로 시한부 인생을 살고 있는 분은 처음이었다. 첫인상은 밝고 따뜻했다. 그의 얼굴에서는 9년째 암으로 투병 중인 그늘을 전혀 찾아볼 수 없었다. 대화를 하는 중 자신도 모르게 가끔씩 무릎과 발가락에 손이 가는 모습에서 장기간 암 투병에 의한 후유증상을 직감할 수 있었다.

하루에 7알씩 일주일에 50여 알이 넘는 약을 9년째 먹고 있었다. 장기간 복용으로 인해 그의 왼쪽 발가락은 감각을 잃게 되었고, 몸 여기저기에서 이상 증상을 겪고 있었다. 그러나 미소를 지으며 이야기하는 그분에게 일상의 여유를 느낄 수 있었다.

그는 6.25 때 한강 다리에서 어머니를 잃고 전쟁고아로 비참한 생활을 전전긍긍할 때 극적으로 만나게 된 한 슈나이더 박사의 아들로 입양되었다. 슈나이더 박사는 미네소타 교수로서 1946~1947년까지 미국 정부군 산림관리 고문으로 한국에서 재직했었고, 1954년 미네소타대학교와 서울대학교가 기술원조협정을 체결한 일명 '미네소타 프로젝트'의 수석 고문이자, 책임자로 1954년에서 1961년까지 7년간 한국에 파견된 미네소타 대학의 산림대 교수였다.

서울대 병원 로비에서 어린 남자아이가 높은 사람을 만나게 해달라고, 본인은 일자리를 구해야 한다고 실랑이하는 모습을 본 동료가 슈나이더 박사에게 그 사실을 이야기했고, 슈나이더 박사는 그의 비서에게 그 아이를 얼른 데려오라고 하여 슈나이더 박사를 만나게 되었다. 슈나이더 박사는 어린 그를 입양하기 전에도 이미 한국에서 어렵게 생활하는 한 청년의 학비와 생활비를 전적으로 지원하고 있었다.

당시 양아버지 슈나이더 박사는 미혼이었기 때문에 미국의 입양법으로는 어린 그를 입양할 수 없었다. 케네디 대통령 시절 새로운 입양법을 상정해 미국 역사에 획을 그었던 그 법이 통과되어 미국 최초 미혼 남성이 해외입양을 하게 되었다. 그 사건은 미국 각 신문의 헤드라인을 장식했고, 그들이 입국할 당시 공항에는 각 신문기자, 수많은 방송 관계자들로 인산인해를 이루었다.

그러한 연유로 그는 제3 세계 고아들의 지원과 탈북 고아 입양법을 상정해 그들도 자신처럼 풍요로운 미국 땅

좋은 가정에서 교육을 받고 성장할 수 있는 인권보호를 위해 열정을 쏟고 있었다. 이러한 일을 본격적으로 진행하기 위해 '한슈나이더국제어린이재단'을 설립했다. 그러나 내가 그분을 만났을 때, 더 이상 받을 수 있는 항암치료도 없었고, 탈북 고아 입양법을 미 의회에 상정했지만, 일이 잘 풀리지 않은 상황이었다.

본인에게 남은 시간 동안 지금 추진하고 있는 일이 성취되기를 너무도 간절히 원했다. 나는 그의 이야기를 들으며 어떻게든 돕고 싶은 마음이 생겼다. 나는 그에게 글을 쓰고 책을 만드는 전문가이기도 하지만, 코치로서 나의 이력을 소개했다. 그가 목표를 잘 이룰 수 있도록 일주일에 1회 2시간씩, 3달 동안 코칭을 했고, 한슈나이더국제어린이재단 보드 멤버, 스태프, 자원봉사자들도 만나 피드백을 받았다.

결국 그분이 찾게 된 자원은 일단 이런 운동에 더 많은 Master mind(뜻을 같이하는 사람)를 형성하기 위해 미국과 한국에 이러한 일들을 알릴 수 있도록 책을 출판하고, 해마다 주를 바꿔 가며 음악회, 바자회, 자선 골프대회, 문화 행사 등을 개최해 많은 사람들에게 알리기로 했다. 그리고 법안상정을 위해 더 전문적인 인적자원을 구성하기로 했다.

　새로운 법안을 상정하기 위해서는 법안에 대한 내용을 만들고, 그것을 상원, 하원에 제출해야 한다. 그것을 제출한 사람은 상원의원의 멤버이고, 그 법안을 상정한 당은 코스폰서로서 상대 당 의원을 선택해야 한다. 이러한 과정은 국회 하원의원에서도 마찬가지였다. 그다음 외교통상부에서 통과된 후에 청문회로 넘어가게 되어 있다.

　새롭게 구성된 법안, S.416 & HR.1464는 하버드대 교수진에 의해 수정되어, "북한난민입양법(North Korean Refugee Adoption Act)"[S.416]은 노스 캐놀라이나(North Carolina) 주 상원의원 라차드 부르(Richard Burr)의 발의와 루이지애나(Louisiana) 주 상원의원 메어리 랜드류(Mary Landrieu)에 의해 공동 발의되어 미국 상원의회에 상정되었다. 동일한 골자의 HR.1464 법안도 캘리포니아(California) 주 하원의원 에드 로이스(Ed Royce)에 의해 발의되었다.

　3개월의 코칭을 마친 후 사람들을 만나 피드백 들은 내용과 그분과 코칭하며 알게 된 내용을 책으로 펴내는 것을 그분이 제안했다. 영어로 출판되기 위해 먼저 한국어로 나와야 그 내용을 영어로 표현할 수 있다고 했다. 영어 집필을 몇 번 시도해 봤지만, 한국 문화를 이해하지 못한 미국 작가들은 자신의 말을 글로 옮기지 못했노라고 이야기하는 것이 아닌가? 나 역시 흔쾌히 응했다.

6개월간 작업을 거쳐 그분의 의도대로 제3자 관찰자적 입장으로 내가 저자가 되어 그의 인생을 글로 엮은 책, 한국어판 "축복의 통로, 하나님의 사람"이 출판되었다. 그 책이 출판되자 그분을 LA 헤럴드경제에서 인터뷰하게 되었고, 그러한 계기로 헤럴드경제 신문사 대표와 인연이 되어 'Susanna Kim 작가' 칼럼니스트로 헤럴드경제에 글을 쓰게 되었다.

한 대표는 양아버지의 사랑과 배려로 유복하게 잘 성장한 분이었다. 프레즈노 주립대학을 졸업하고, 유명한 듀퐁사에서 근무하며 스탠포드 경영대학원에서 경영학을 전공한 인재였다. 대학시절 월드비전에서 자원봉사하면서 자신의 존재가치를 깨달아, 어렵고 힘든 세계 어린이들을 위해 반드시 소중한 일을 펼치겠다는 인생의 목적의식을 갖게 되었다. 대학을 졸업하고 듀퐁사에 입사했고, 경력을 쌓고 나와서 시작한 사업이 날로 번창하며 부, 명예, 여자 그 모든 것을 거머쥐며 인생의 목적을 상실한 채 살고 있었다.

그러던 중 골수암 말기 사형선고를 받게 되었다. 6개월에서 길면 2-3년 밖에 남지 않은 위기와 고난 앞에서 그는 다시금 자신의 존재가치를 인식하게 되었고, 진정한 '나다움의 나'로 얼마 남지 않은 시간을 살기 위해 혼신을 쏟았다. 그 열정이 그의 생명을 13년이나 더 연장해 주었다. 모든 재산을 재단설립에 쏟아부었고, 그 몸으로 탈북 고아와 세계 고아들의 인권 보호를 위해 모든 것을 불살랐다. 2012년 그는 고인이 되었지만 아버지에 이어 그의 딸이 그 유산(Legacy)을 이어가고 있다.

짧았지만 한 개인의 존재, 나다움의 삶은 그 영향력이 크고 강력해 한 슈나이더 박사, 샘 한(Sam Han), 로미 한(Romy Han) 3대를 이어 흘러가게 했다. 내 인생에 고 한 대표와의 만남은 존재가치대로 사는 삶이 무엇이고 그 영향력이 얼마나 큰지를 다시 한번 깨닫게 해주었다.

존재, '나다움의 나'는 내면에서 찾아진다. 영향력 곧 리더십은 이렇게 내면으로부터 흘러넘칠 때 힘(power)이 있다. 영향력을 지닌 사람은 상황에서 무언가를 찾지 않는다. 자신의 내면의 가치와 목적에 힘입어 문제를 해결한다. 고한 대표의 그 나다움의 영향력은 세대를 넘어 레거시를 만드는 강력한 힘이 되었다.

긍정적인 마인드

한슈나이더국제어린이재단 자원봉사자에게 연락이 왔다. 자기 친구가 나와 연락이 됐으면 한다는 이야기였다. 번호를 주면 내가 연락하겠노라고 하면서 그녀의 연락처를 받아 통화를 해보니, 한 대표님의 책을 썼다는 이야기를 들었다고 하면서 본인이 존경하는 선배님이 책을 쓰고 싶어 하는데 만났으면 좋겠다고 했다.

나는 그렇게 Mrs. Lee를 알게 되었다. 캘리포니아 심장 전문의로 기네스북에 오른 전문의 아내였다. 연세나 포지션과 달리 너무 겸손하고 상대를 편안하게 해주는 미소가 환한 분이었다. 그녀 역시 대장암 3기 수술을 한 지 1년 정도 되어 회복하는 중이었다.

그녀는 죽음의 사선을 넘어야 하는 암 진단을 받았을 때, 오히려 마음이 아침 바다처럼 고요했다고 말했다. 그리고 본인의 생각들이 점점 더 확실해지기 시작했다고. 그리고 그 병이 사랑하는 남편과 소중한 아들과 딸, 손자 손녀에게 가지 않은 것이 오히려 고마웠다고. 어쩌면 일상의 자리를 떠나야 하고, 사랑하는 이들과 헤어져야 하는 현실 앞에서 스피노자가 말했던 그녀 자신이 심어야 할 한 그루의 사과나무를 생각하게 되었다고.

　　한평생 환자들을 위해 공부하고, 강의하고, 그들의 생명을 잡아주기 위해 수술대에 서는 것을 숙명으로 믿고 살아온 남편과 45년을 함께 하면서도, 마음속 갈피에 곱게 접어놓았던 못다 한 이야기를 하고 싶다고. 두 손에 그득 담은 반짝이는 모래알처럼 힘주면 손가락 사이로 빠져나갈까, 그저 두 손에 보듬어 바람에 날릴까, 비에 젖을까, 고이 간직하며 바라보았던 아들, 딸 그리고 손자 손녀들에게 자신에게 찾아온 우주의 종말 앞에서도 엄마와 할머니로서 흔들림 없는 생각과 마음을 심어야 한다고 그녀는 생각했다.

　　그동안 살아오면서 가슴에 감동으로 물결친 이야기들

은 동화 속 '햇님과 바람'과 같은 이야기들이라고 말하며, 성공하기 위해 자신의 뜻을 지시하고, 강요하는 이 세상에는 성공과 명예보다 더 소중한 '행복하게 산다는 것', '아름답게 산다는 것', '올곧게 산다는 것'의 가치가 존재한다고.

그래서 상대가 스스로 할 수 있도록 기다려 주고, 부와 명예, 물질보다 사람이 더 먼저라고 말해 주며, 자신의 이익을 위해 법을 강조하기보다는, 있는 것으로 배려하며 자족하는 행복이 인생을 '성공한 자'보다는 '승리한 자'로 이끌어 준다는 사실을 알기 때문에 그 마음을 글로 담고 싶다고 했다.

그녀와의 대화는 감동의 도가니 자체였다. 어떻게 죽음이란 위기 앞에서 이렇듯 초연할 수 있을까? 그녀를 소개해 주었던 후배가 '존경하는 선배님'이라고 했던 말이 어떤 의미인지 알 것 같았다. 그리고 그녀에 대해 더욱 호감과 호기심이 생기기 시작했다.

우선 3회 정도는 그녀와 대화하면서 장르를 탐색하고, 그다음 2회는 구성을 잡기 위해 못다 한 이야기들에 대해 들으며, 그녀의 생각과 마음을 담아낼 단어 군을 찾고, 그다음부터는 그 포맷에 맞춰 글을 쓰면 매주 1회 2시간씩 그녀가 쓴 글을 코칭해 주는 것으로 가닥을 잡았다. 그녀도 매우 만족해했다. 나는 그녀를 만나 코칭을 하면서 물질적 필요들을 채울 수 있어 감사했지만, 그녀를 만나 대화하는 것이 더 행복했다.

때론 멘토처럼, 엄마처럼, 친구처럼, 옆집에 사는 이웃처럼, 존경심과 푸근함과 평온함과 박장대소하는 시간을 가질 수 있었기 때문이다. 더 큰 감동은 글이 마무리되는 시기 즈음 에필로그에 '고마운 나의 아내'라는 소제로 아내에 대해 마음을 담은 그녀의 남편 Dr. Lee의 글 속에서 나는 그녀를 더 깊이 존경하게 되었다. 이 책을 읽고 있는 당신에게 생생함을 전하기 위해 전문을 그대로 옮겨 본다.

"동부 피츠버그 겨울은 유독 나로 하여금 아내에게 미안한 마음을 갖게 했다. 폭설에 내 차가 파묻혀 보이지 않고, 밤새 내린 눈으로 집 앞의 길이 보이지 않는 날이면, 아내는 늘 새벽같이 일어나 차에 쌓인 눈을 다 걷어내고 차에 시동까지 걸어 놓는다. 그리고 출근에 지장 없도록 눈 쌓인 길도 말끔히 치워놓곤 했다. 몇 번을 만류하고 왜 그런 수고를 하느냐고 호통을 치기까지 했지만 아내는 변함이 없었다.

아침에 수술을 집도해야 하는 나의 손으로 차가운 눈을 만지면 손이 얼어 수술에 지장이라도 줄까 봐 그 힘든 일을 마다하지 않고 기꺼이 해내는 아내의 깊은 마음을 나는 알고 있다. 혹 하고 싶은 말이 있어도 다음날 수술 스케줄에 어려움이 없도록 늘 편안함으로 마음의 평정심을 잃지 않게 해 준 내 아내는 나를 진정한 심장 전문의로 거듭나게 한, 나의 반쪽, 내 인생의 동반자다. 옆에 있고 함께 살지만 나는 문득문득 아내를 생각할 때마다 가슴이 떨리고 고마움의 눈물을 짓는다.

45년을 살아오면서 이제껏 당신이 잘못했다고, 그것은 틀렸다고 말해본 적이 없는 아내. 내가 화를 낼 때도 단 한 번도 맞서 싸운 적이 없는 아내다. 늘 그 자리를 피해 나로 하여금 생각할 여유를 갖게 해 주어 내가 잘못했다고 스스로 깨닫고 느끼도록 해준 지혜로운 아내다.

나는 알고 있다. 내 아내가 나의 아내로서 그녀의 삶의 우선순위를 남편인 내게 두고 평생을 살아온 것을. 커리어 우먼으로 살았어도 손색이 없는 재능과 잠재능력이 뛰어난 사람이다. 그러나 그 모든 것을 사랑하는 남편을 위해 자녀를 위해 가족들을 위해 고스란히 불태운 평범하지 않은 여인이라는 것을.

아내가 암 진단을 받았을 때 앞이 캄캄하고 모든 것이 무너져내리는 것만 같았다. 한평생 아내와 늘 행복했던 시간이 멈춰버리는 것은 아닌지 심장이 오그라드는 그 느낌을 말끔히 씻어 준 아내가 너무 고맙고 사랑스럽다. 그리고 감사하다.

아내는 내가 환자를 우선순위로 인생을 살아왔다고 생각할지 모른다. 그러나 돌이켜 보면 환자를 돌볼 때도 강의를 할 때도 그 무엇을 할 때도 아내는 늘 내 마음속 나와 함께했던 또 다른 '나'라는 사실이다. 나는 확신한다. 앞으로도 서로를 존중하며 사랑하는 부부로서, 그 어떤 우선순위에 비교될 수 없는 인생의 소중한 동반자로 변함없이 함께 할 것을."[1]

그 힘든 일을 다른 사람이 할 수도 있지 않냐는 나의 질문에 그녀는 이렇게 이야기했다. "내 남편에게도 시킬 수 없는 일을 다른 사람에게 시키고 싶지 않고, 혹여나 그 힘든 일을 하면서 불평이나 화를 낸다면 그 에너지가 남편의 중요한 일에 안 좋은 영향을 미칠 수도 있을 것 같아 내가 하는 것이 마음이 편하고 행복해요."

그녀는 그 어떤 사람, 사건을 만나도 늘 긍정적이고, 힘들고 어려운 일이 생겨도 그 속에서 늘 감사의 조건을 먼저 찾았다. 항상 긍정적이고 매사에 감사하는 그녀의 영향력은 Dr. Lee는 물론 병원에서 근무하는 의사, 간호사, 행정직원, 빌딩관리자, 집에서 일하는 가사도우미에 이르기까지 넓고 깊게 흘러갔다. 문제가 생겼을 때 고민이 있을 때 위급한 순간에도 그들은 그녀의 영향력의 수혜자가 되었다. 코칭을 할 때도 그녀의 긍정적인 마인드는 나의 에너지를 업(up)시켜 주었고, 때때로 소소한 어려움 중에도 자연스럽게 주고받는 대화 속에 통찰력을 얻어 어려움을 해결하곤 했다.

그녀의 행동은 늘 안정적이고 아무리 급해도 여유를 잃지 않았다. 처음에는 나를 손님으로 생각해 예의를 갖춰 존중과 친절하게 대한다고 생각했다. 그러나 7개월 동안 코칭을 하면서 오피스에서 일하는 분(워낙 규모가 크고 관리할 일이 많다 보니 집에도 오피스걸이 있었다), 가사도우미 등 늘 한 식탁에서 가족처럼 대화하는 모습과 수도배선을 공사하러 온 일용 근로자에게도 그녀의 존중과 배려의 태도는 변함이 없었다.

나는 그녀를 7개월 동안 겪으면서 그녀의 긍정적 마인드가 본인 자신을 비롯해 관계하는 사람들에게 얼마나 큰 영향력을 미치는지 경험했다. 그녀가 늘 안정적이고 여유 있는 행동을 할 수 있었던 것은 한평생 긍정적인 마인드로 감사하는 의식의 마음이 그녀의 무의식에 끊임없이 영향을 미쳤고, 눈에 보이지 않은 마음(의식과 무의식)이 결국 몸에 좋은 에너지로 흘러가 그런 행동의 결과를 만들어 냈다는 것을 다시 한번 확인하게 되었다.

보통 인간에게 생명의 잉태는 기쁨과 환희와 행복을 준다. 나를 비롯해 이 책을 읽고 있는 당신도 자녀를 임신했을 때, 또는 아내의 임신 소식을 들었을 때, 친구, 지인들에게 이런 소식을 들었을 때, 아마도 그 감동은 지금까지 생생하리라 생각한다.

보통 포유동물 예를 들면 송아지나 망아지는 세상에

나올 때 이미 어미 뇌 기능의 70~80퍼센트를 가지고 태어나기 때문에 누가 가르쳐 주거나 도와주지 않아도 혼자 서고 걸을 수 있다. 어미를 찾아가 젖을 먹을 수도 있다. 그러나 갓난아기는 성인의 뇌의 20퍼센트만을 가지고 태어나기 때문에 오랫동안 누군가의 보살핌을 필요로 한다.

태어나서 3살 정도까지 사랑과 보살핌 속에서 그 시기에 경험한 모든 것이 인간의 무의식에 강력한 영향을 미친다. 특별한 경우를 제외하고는 대부분 이 시기에는 부모가 되었든 조부모가 되었든 베이비시터(아기돌보미)가 되었든 그들의 정성과 사랑과 보살핌 속에서 자라게 된다. 그러한 긍정적인 자극과 경험이 결국 긍정적인 정서로 무의식을 형성해 한 인간의 마음과 성격을 만들게 된다.

이렇게 본능적으로 사랑과 정성과 돌봄을 받으며 긍정적인 정서로 무의식을 형성한 인간은 부정적 감정 즉, 불안, 두려움, 근심, 걱정, 강요와는 본능적으로 조화를 이루지 못하고 충돌하게 된다. 이런 충돌 속에서 무의식이 혼란에 빠지게 되어 의식하지 못하는 중에 몸이 먼저 반응해 의도한 생각과는 다른 행동을 하거나 다른 행동의 결과를 얻게 된다. 자신이 왜 그런 행동을 했는지 자신도 모른다. 무의식에 의해 몸이 저절로 반응한 결과이기 때문이다.

Mrs. Lee가 그렇게 안정적이고 여유 있는 행동을 할 수 있었던 것은 늘 긍정적인 마인드의 의식이 그녀의 무의식과 충돌 없이 일치된 마음이 되었기 때문에 의도한 생각대로 몸도 그렇게 반응해 안정되고 여유 있는 행동을 할 수 있었다는 생각이 들었다.

그녀의 모든 행위의 동기는 업적, 성취, 명예, 인정과 같은 외적인 것보다는 기쁨과 즐거움, 성취에 대한 사랑과 타인에 대한 배려와 같은 내적인 것에 있었다. 그러한 내적인 동기는 본인의 존재대로 살 수 있는 힘을 더해주고 그러한 그녀의 내적 충만으로 흘러넘치는 영향력은 타인의 그 어떤 반응에 상처를 입지 않고, 본인과 관계하는 모든 이들을 있는 그대로 수용하게 해주었다.

그러므로 긍정적인 마인드는 자신과 주변 사람들에게 깊은 영향력을 미치기 때문에 늘 긍정적이며 밝은 삶의 태도는 그녀가 이야기 한 '행복하게 산다는 것', '아름답게 산다는 것', '올곧게 산다는 것'에 동기부여가 된다는 사실을 더 깊이 깨닫게 되었다.

그렇게 7개월을 만나 대화하면서 마침내 "인생의 옹달샘"이라는 그녀의 수필집이 출판되었다. 어린아이처럼 기뻐하는 그녀의 모습을 나는 지금도 잊을 수 없다.

The Flowing Leadership

자연의 품

레이시 팍(Lacy Park)

영주권을 받고 직장을 옮기게 되어 얼바인(Irvine)에서 아카디아(Arcadia)로 이사를 하게 되었다. 아들도 얼바인 고등학교(Irvine High School)를 졸업하게 되고 시기적으로 여러 여건이 맞았다. 아들의 대학진학을 4년대 대학(University)으로 바로 갈 것인지, City College로 입학해 2년을 공부한 후 University 2학년으로 편입할지 의논하던 중이었다.

그러면서 미국에서 첫 둥지를 틀었던 얼바인을 6년 만에 떠나게 되었다. 신도시인 얼바인과 달리 중국인들이 많이 사는 아카디아(Arcadia)는 오래된 시티(City)여서 대부분

40-50년 된 아파트가 많아 구조도 시설도 얼바인과는 달랐다. 아파트 관리사무실도 따로 없었다. 물론 신축 아파트도 간간이 있었지만 비용이 만만치 않았다. 얼바인에서 살던 월세(rent fee)로 그만한 시설을 갖춘 아파트는 찾기 어려웠다.

마음을 비우고 겨우 계약을 해 이사를 했다. 어쩌다 아침 일찍 맥도널드에 들르면 미국인지 중국인지 구별이 되지 않을 정도로 중국말로 시끌벅적했다. 간간이 백인 할아버지들이 신문을 보며 아침 식사를 하는 모습도 눈에 띄었다.

감사하게도 시티 칼리지(City College)로는 캘리포니아서 상위권인 파사디나 시티 칼리지(Pasadena City College)가 가까이 있어 아들은 그 학교로 진학을 했다. 그렇게 2년을 공부하고 아주사 퍼시픽 대학(Auzsa Pacific University)으로 편입해 대학을 졸업하고 지금은 대학원에서 공부하고 있다.

아카디아로 이사 온 아파트에서 운전해 7-10분 정도 소요되는 거리, 샌 마리노 시티(San Marino City)에 레이시 팍(Lacy Park 1485 Virginia Rd., San Marino, CA 91108)이 있다. 동네 한가운데 위치해 공원치고는 아주 아담하고 조용한 곳이다. 아카디아에 오랫동안 사는 이웃을 통해 우연히 알게 되었다.

일주일에 이틀을 아침 일찍 레이시 팍으로 향했다. 도미 전 나는 늘 바쁜 스케줄로 자연과 벗할 기회가 없었다. 미국에서 정착을 위한 초장기 몇 년도 마찬가지였다. 내 생에 자연과 깊은 인연을 맺었던 기억은 학부를 마치고 강원도 하사미리 예수원 공동체에서 3개월 영성훈련을 받을 때였다. 그것이 인연이 되어 1년 동안 그 집에서 공동체 훈련을 하며 처음으로 자연의 신비하고 오묘한 변화를 체험했었다.

그때 이후 레이시 팍은 자연에 대한 추억과 잔잔한 감동을 내 몸과 마음에 선물해 준 곳이었다. 자연이 내게 얼마나 큰 치유와 위로와 행복과 기쁨을 주는지 알게 해주었다. 자연이 내 몸의 바이오리듬을 최적으로 만들어 주고 그러한 컨디션이 내면의 평온함과 안정감으로 순환된다는 사실을 온몸으로 체득하며 자연과 내가 서로 끌림을 주는 관계란 사실도 깨달으며 그것이 인간관계에 선한 영향으로 흘러간다는 것도 알게 되었다.

풍경

이른 아침 레이시 팍의 풍경은 넓은 잔디 위에 삼삼오오 중국인들이 음악에 맞춰 천천히 몸을 움직이는 모습이다. 무예를 닦는 동작을 슬로비디오로 보는 것 같은 느낌이라고나 할까? 공원을 한 바퀴 돌 때 즈음이면 때때로 긴 끈의 헬륨 풍선을 돌에 묶기도 하며 생일파티를 위한 테이블 셋팅을 하고 있는 어머니들도 눈에 들어왔다.

두 손을 꼭 잡고 걷는 중년 부부, 지팡이를 옆에 세워 놓고 그늘진 벤치에 앉아 있는 백발의 노부부는 아름다운 인생의 한 단면을 보는 듯했다. 이러한 광경을 마음의 줌으로 멀리 밀면 액자에 담긴 평온하고 한가로운 한 폭의 풍경화 같았다.

공원을 한 바퀴 돌 수 있는 갈래 길이 있다. 녹색 잔디를 가운데 두고 걷는 길과 동네와 공원의 경계선이 더 가까운 나무와 숲이 우거진 좀 더 먼 거리로 공원을 돌 수 있는 길이다. 나는 숲이 우거진 길을 주로 걸었다. 우거진 나뭇가지와 잎이 자연의 터널처럼 산림욕을 하게 해 준다.

그 길에는 아름다운 녹색 빛 외에도 매미, 새들을 비롯한 여러 자연의 소리와 꽃과 풀 내음의 향기도 맡게 된다. 나뭇가지 사이로 내비치는 햇살과 투명한 바람은 내 살갗을 부드럽게 쓸어준다. 이렇듯 오감으로 느끼는 자연은 마음이 힘들거나 머리가 복잡할 때 좋은 친구처럼 나를 편하게 보듬어 주곤 했다.

그런 레이시 팍이 좋아 누군가와 약속 장소를 정할 때, 코칭 또는 대화를 해야 할 때도 가까운 스타벅스에서 커피를 투고(To go: take out)해 부드러운 바람결이 스치는 그늘진 벤치에서 담소를 나누곤 했다. 그곳에서 나와 만남을 가진 사람들 역시 레이시 팍의 매력에 푹 빠지곤 했다.

레이시 팍을 걸을 때 나는 쾌적함을 느꼈다. 새파란 하늘, 맑은 공기, 밝은 색깔, 나뭇가지 사이로 비치는 햇살, 풀 내음과 벌레 울음의 하모니. 이 같은 모습으로 자연은 나를 부드럽게 보듬어 주었다. 그렇게 자연의 품속에서 나는 늘 예측불허의 불안, 걱정의 긴장감을 풀 수 있었다. 오감을 활짝 열고 자연과 마주하는 그 시간, 긴장으로 경직된 내 몸과 마음은 유연하게 되었고, 그러한 느긋함이 평안함과 안정감을 갖게 했다.

일본의 한 연구에 의하면 시냇물 소리, 뻐꾸기 소리, 꾀꼬리 소리 등 자연의 소리를 들려준 임상 연구에서 긴장과 불안으로 인해 정신적 피로가 쌓이면 뇌의 전두부의 산소헤모글로빈 농도가 높아진다고 했다. 그런데 자연의 소리를 듣는 중에 산소헤모글로빈의 농도가 현저하게 저하되어 평온함과 마음의 안정을 찾게 된다는 연구보고가 있다.

몸과 마음

또한 심신 의학 분야의 세계적인 권위자, 데이비드 해밀턴(David Hamilton) 박사는 이러한 마음, 인간의 내면이 몸을 치료할 수 있다는 설득력 있는 임상 사례를 수없이 발표했다. 오랜 세월 마음의 힘을 연구해 온 결과(월터 M. 제르맹의 『The Magic

Power of the Mind_) 사람들은 직관적으로 스스로를 치유할 수 있다는 사실을 발견했다고 보고했다.

마음에 평온을 유지하고, 긍정적인 태도를 가지고, 올바른 이미지를 상상하는 등, 인간의 내면의 힘이 신체에 미치는 영향력의 연구사례가 수없이 많다. 이러한 연구 사례에 한몫을 한 것이 바로 자연치유다.

자연으로부터 내면의 안정은 몸과 마음의 선순환을 만들어 면역체계를 유지하게 하고, 이러한 면역기능은 감정에도 큰 영향을 미쳤다. 이러한 내면의 안정 상태는 정신과 신체 활동의 균형을 잡아주는 항상성에도 좋다는 것을 깨닫게 되었다. 특히 영적으로도 보람을 갖고 긍정적이며 즐겁고 활기찬 상태를 유지하게 해주었다.

이러한 레이시 팍과의 인연은 내면의 충만함이 신체의 건강을 만든다는 앎을 깨달음으로 경험하게 하는 시간이었다. 그러므로 인간관계의 모든 영향력은 안정되고 건강한 내적 충만으로부터 흘러넘칠(Flowing) 때, 어느 한순간만이 아닌 불확실한 현실에서도, 모호한 미래에서도, 변화무쌍한 위기 앞에서도 흔들림 없이 발휘된다는 사실이다.

The Flowing Leadership

CHAPTER 2

내면의 탐색을 통한 존재

BEING

The Flowing Leadership

존 재

조각된 나

나는 고객을 만나 코칭을 할 때 늘 고객 스스로 자신의 존재하는 이유와 가치에 대한 탐색을 먼저 한다. 다시 말해 진정한 '나다움 나'의 존재로 살고 있는가? 그것이 일의 성취와 성과뿐만 아니라 개인의 의미, 보람, 기쁨, 행복한 삶을 만드는 근본이 되기 때문이다. 바로 노자가 말했던 땅속 깊은 옹달샘의 근원인 물을 나오게 하는 공동(空洞)에 비유될 만큼 내면에 있어 진정한 존재인 '나다움의 나'로 사는 것은 매우 중요하다. 그 존재가 행복을 느끼는 것이 존재의 가치이다.

어쩌면 우리는 진정한 자신의 존재, 즉 '나다움의 나'

에 대한 착각 속에서 살아온 세월이 더 많을 수도 있다. 그 이유는 나다움의 존재가 누군가에 의해 조각되는 것은 어린 시절, 부모 또는 관계하는 이들로부터 시작되기 때문이다. 그리고 그 조각된 모습이 진정한 자신이라고 생각하기 때문이다. 그래서 어떤 사람은 자신의 명예, 자신의 부, 자신의 지위, 자신의 성적이 곧 자기 자신이며 그것의 질과 양에 따라 가치가 달라진다고 생각한다. 그래서 명예가 실추되거나, 쫄딱 망하거나, 성적이 떨어지면, 존재할 이유가 없어져 자살을 선택하기도 한다.

그뿐인가? '나다움의 나'가 다른 사람에 의해 '조각된 나'는 자신을 조각한 그들의 말에 민감하게 반응하게 된다. 누군가 칭찬해 주면 우쭐해지고, 누군가에게 추궁 또는 비난의 말을 들으면 바로 에너지가 곤두박질친다. 좌절하거나 낙심하거나 우울해진다. 외부의 자극에 의해 감정의 바늘이 오른쪽으로 왼쪽으로 심하게 움직인다. 그러므로 '조각된 나'로 살아가는 사람은 외연에서 자신의 존재를 찾게 된다.

갓난아기가 할 수 있는 것은 자고 먹고 배설하는 것이 전부다. 이런 단순한 아기의 울음에 왜 우냐고 토를 달거나

다그치는 사람은 없다. 왜냐하면 갓난아기니까. 오로지 갓난 아기를 돌보는 이들은 있는 그대로 갓난아기의 울음을 인정 하며 젖을 주든지 기저귀를 갈아 주든지 한다. 그 어떤 자기 생각과 감정과 의도를 이입하지 않는다. 이것이 갓난아기의 존재를 존재로 인정하는 것이다.

그러나 아이가 자신의 의지를 표현하고 상대의 감정 을 읽어내기 시작할 때 즈음부터 조각되기 시작한다. 때론 다정한 미소, 지대한 관심, 받고 싶은 선물, 대단한 칭찬, 희 생의 봉사 같은 긍정적인 망치와 정으로 조각되기도 한다.

"엄마 말 잘 들어서 너무 예쁘다. 상으로 맛있는 초콜렛 한 개 더 줄게."

"이번 성적 올라가면 휴대폰 최신 것으로 바꿔 줄게."

"당신의 포지션 정도면 이 정도 차는 몰고 다녀야지요."

"나는 내 사랑의 머리가 길면 더 좋아요."

"당신의 사랑이 날 행복하게 해줄 거야!"

이런 긍정적인 조각 도구들에 의한 '나다움의 나'가 파편 조각으로 떨어져 나갈 때, 착각의 기쁨, 착각의 행복으로 조정되며 '조각된 나'가 자신을 속이고 있다는 것을 전혀 느끼지 못한다. 그래서 '나다움의 나'와 '조각된 나'가 의식되지 않는 것이다.

사람들은 자기 의도대로 조정되지 않을 때 긍정적 도구보다 더 강한 조각 도구를 사용한다. 분노, 미움, 비방, 독설, 이 같은 도구로 더 깊고 세게 조각하기 시작한다. 그 강력한 조각 도구에 '내가 정말 잘못 했나봐!' '내가 분명 실수해 저렇게 화가 난 거야!' '난 바보 멍충이야!'라는 착각에 의해 '나다움의 나'는 조각된 파편이 된다. 그러면서 '나다움의 나'는 무의식의 심연에 처박히게 되고 '조각된 나'로 살게 된다.

아카디아에서 30-40분 거리에 시(city) 차원에서 운영하는 비영리단체에서 코칭을 할 때였다. 개인기업을 꽤 규모 있게 운영하는 대표이자, 큰 딸과 막내 아들을 둔 싱글 아빠가 있었다. 취미로 승마를 하던 어느 날, 말에서 떨어져 2년째 코마(coma, 혼수상태) 상태로 누워있었다.

싱글 아빠였기에 가까운 친척분께 도움을 청해 두 자녀의 양육을 맡기고 있었다. 막내 아들과 터울이 좀 있었던 큰 딸은 늘 남들과 비교되며 자라왔고 특히 어린 남동생을 편애했던 아버지에게 심한 차별대우를 받으며 컸다. 부모님의 이혼의 상처로 탈선과 방황을 일삼는 청소년 시기를 보내며 겨우 고등학교를 졸업하고 성인이 되었다.

회사의 대표인 아버지가 일을 할 수 없게 되자, 아버지의 회사와 재산을 본인이 전부 상속받기 위해 초등학교 저학년 남동생을 다른 가정에 입양시키려고 법적 수속을 진행하고 있었다. 그러기 위해서 남동생을 양육하고 있는 친척분을 억울한 누명으로 거짓 서류를 꾸며 남동생을 양육하는데 부적절한 사유를 만들어야 했다. 그래서 아버지가 지급했던 양육비도 받지 못하게 만들었다.

이 큰 딸의 사례는 강력한 조각 도구로 조각된 경우이다. 늘 비교되며, 쓸모없는 존재, 동생과 차별받으며 '나다움의 나'가 아버지로부터 악하게 조정되고, 속임 당하며 조각되었던 큰 딸의 '조각된 나'가 자신이 원하는 것을 얻기 위하여 또다시 남동생과 양육하는 친척분을 자신의 착각된 행복을 위해 조정하고 속이며 조각하고 있는 모습이다.

인간은 관계를 떠나 존재할 수 없는 사회적 동물이기에 서로 영향을 주고받을 수밖에 없다. 결국 '조각된 나'는 또 다른 사람을 자신이 원하는 쪽으로 조정하고 속이며 조각하는 악순환을 만들게 한다. 이러한 관계 속의 인간은 조각되거나 조각하며 살아가기에 '나다움의 나'로 살아가기 힘든 구조에서 살고 있다. 그렇기 때문에 대부분 '나다움의 나'로 산다는 것이 그리 쉽지 않다.

이러한 '조각된 나'는 자신이 원하는 것을 얻기 위해서 때론 분노하고 폭발하고, 증오하고, 악하고, 냉담하고, 말도 하지 않고, 만나주지 않고, 쏘아대고, 대들고, 집에도 들어가지 않고, 탈선하고, 무례한 모습으로 또 다른 사람을 조종하기 위해 조각한다.

그래서 '조각된 나'는 한 사람의 가치를 그로부터 무엇을 얻을 수 있는가로 결정하고, 이기적이고, 원하는 대로 되지 않았을 때 불신하고, 그 불신은 마음을 완고하게 만들어 불평, 연민, 교만에 빠지게 한다. 그래서 사람의 가치를 '내가 그 사람으로부터 무언가를 얻을 수 있는가, 없는가'로 결정하게 된다. '조각된 나'는 모든 중심이 자기 자신에게 집중되어 있다.

나다움의 나

반면 '나다움의 나'는 뭔가를 줄 수 있고 얻을 수 있어 가치가 있다고 여기지 않는다. 존재 자체가 값진 것이다. 인간의 근원은 존재 그 자체가 소중하고 온전한 데서 시작된다. 그 존재는 깊은 사랑에 의해 온전히 표현되며, 그 사랑이 존재를 존재로 살게 해준다. 그래서 유진 피터슨은 이렇게 표현했다. "내가 사랑의 유창한 말과 천사의 황홀한 말을 해도, 사랑하지 않으면, 나는 녹슨 문에서 나는 삐걱거리는 소리에 지나지 않습니다." 인간의 존재는 깊은 우주적 사랑 안에서 '나다움의 나'로 존재할 수 있다.

1962년 미국 매사추세스 주의 한 가정에서 남자아기가 태어났다. 출생 당시 탯줄이 목에 감겨 산소 부족으로 인한 뇌성마비와 경련성 사지마비의 진단을 받았다. 그 아기는 정상적인 삶을 살 수 없기 때문에 일반가정이 아닌 특수 기관으로 보내야 한다고 병원 측은 이야기했다. 그러나 그 아기의 부모는 태어난 아기의 존재 자체를 인정했다. 그리고 그러한 존재임에도 불구하고 다른 사람들과 소통하며 '나다움의 나'로 살아가도록 사랑과 정성을 쏟기 시작했다.

마침내 아버지는 그 아들을 보스턴에 있는 어린이 병원(Children's Hospital)으로 데리고 다니며 그 분야의 전문의사를 만났다. 그러면서 집안의 물건에 이름을 써 붙이고 장애인 어린 아들에게 알파벳을 가르치기 시작했다. 이러한 노력은 비록 그의 아들이 장애인으로 태어났을지라도 존재 자체로 지역 사회에서 활동하고, 교육을 받으며 살 수 있도록 하기 위한 부모의 헌신적 사랑이었다. 그의 부모는 장애아들이 공교육을 받을 수 있도록 스스로 다른 사람과 소통할 수 있는 방법을 찾아야만 했다. 또한 장애아들의 인지력이 학습을 할 수 있는 능력이 있다는 구체적인 증거를 보여줘야 했다.

1972년 터프츠 대학교(Tufts University)의 숙련된 엔지니어 그룹을 통해 아들을 위한 '대화형 컴퓨터'가 구축되었다. 이 컴퓨터는 알파벳의 모든 문자를 눈으로 주시하는 데 사용되는 커서로 만들어졌다. 장애를 가진 그 아들이 알파벳 커서를 쳐다보면 그의 휠체어에 부착된 헤드피스에 의해 알파벳이 선택되었다.

그 장애아들이 그 컴퓨터로 처음 소통한 음성의 단어는 "Go, Bruines!" 보스턴 브루인스(아이스하키팀 이름) 경기에 가고 싶다는 것이었다. 10살 된 그 장애아들이 스포츠를 좋아하고 다른 아이들처럼 게임도 좋아한다는 사실을 알게 되었다.

1975년 13세의 나이에 그 장애아들은 공립학교에 입학하게 되었다. 마침내 그 장애아들은 고등학교를 졸업 후 보스턴 대학교에 입학해 1993년 특수 교육 학위를 받기까지 했다. 그의 아버지는 1977년 봄 그의 장애아들이 자신한테 함께 경기에 참여할 수 있느냐는 질문을 받았다.

그 아들은 장애가 있음에도 불구하고 그것과 상관없이 존재로 살아갈 수 있다는 것을 증명하고 싶었던 것이다. 그의 아버지는 아들의 요청에 아들의 휠체어를 밀며 5마일까지 달렸다. 이 첫 레이스를 마친 후 장애아들은 아버지께 이렇게 말했다. "아버지, 내가 달리는 순간은 장애가 없는 것 같아요."

그 후 그의 아버지는 장애아들이 스포츠를 할 때 행복해한다는 사실을 인식하고 그의 존재대로 살 수 있도록 준비하기 시작했다. 학교를 다녀야 하는 아들은 따로 훈련을 할 수 없었기 때문에 그의 아버지는 등하굣길에 아들의 휠체어에 모래주머니를 달고 훈련한 끝에 17분 만에 5킬로미터 달리기 개인 기록에 도달할 정도로 체력을 향상시킬 수 있었다.

1981년 그 아버지와 장애아들은 시내를 통과하는 보스턴 마라톤에 참가하여 26.2마일의 레이스를 특수 휠체어를 밀면서 완주했다. 첫 경기가 다소 어려웠다고 그의 아버지는 기자들의 인터뷰에 답했다. 그러나 4년 후 Father's Day(아버지날, 미국은 어머니날과 아버지날이 따로 있다. 한국의 어버이날과 같은 개념이다.)에 그 아버지와 장애아들은 1마일 수영을 하고, 40마일 자전거 타기, 20마일 달리기, 철인 3종 경기에 참여했다.

그 경기에서 수영을 할 때는 아버지의 허리에 번지 코드를 감은 특수 보트에 장애아들을 태워 그 보트를 끌며 수영을 했다. 자전거 경기에서는 두 사람이 탈 수 있는 맞춤형 좌석이 있는 2인승 자전거를 사용했고, 마지막 달리기 레이스에서는 장애아들을 운동용 의자에 앉혀 그것을 밀며 달리기 시작했다. 일반 사람들은 혼자서 참여하기도 힘든 철인 3종 경기를 마침내 완주했다. 그들은 많은 이들에게 희망을 주었다. 특히 그 철인 3종 경기의 완주는 그 경기를 지켜본 모든 관중에게 기쁨과 환희 자체였다.

수십 년간의 훈련 끝에 그의 아버지 나이 73세, 장애아들 52세의 나이에 2013년 보스턴 마라톤 대회에 참여했지만 테러리스트의 폭격으로 많은 사람이 다치고 죽게 되었다. 경기는 진행할 수 없었다. 그러나 그들은 다시 2014년 보스턴 마라톤에 참여해 그랜드 피날레(finale)를 장식했다. 수백만 명에게 영감을 준 경기였다. 또한 그들은 어렵고 힘든 사람들을 돕기 위해 'The Hoyt Foundation'(teamHoyt.com) 비영리 재단을 설립해 지금도 어렵고 힘든 이들을 위해 많은 기부(donation)를 하고 있다.

"아버지, 내가 달리는 순간은 장애가 없는 것 같아요." 라는 아들의 말에 아버지는 그 장애아들이 존재로서의 그가 느끼고 있는 가치가 무엇인지를 알게 된 것이다. 장애아들이 존재로서 행복한 가치가 무엇인지를 찾을 수 있었던 것은 그 부모들의 우주적 사랑 때문이었다.

존재를 존재로 대하고 그로부터 한 존재의 가치를 알게 되면 그 '나다움의 나'는 내면으로부터 강력한 힘을 솟게 해 저절로 흘러넘치게 된다. 그래서 그 흘러넘치는(Flowing) 영향력이 역사의 레거시를 만들어 당대를 넘어 후손들에게도 계속 넘치는 강력한 파워가 있음을 딕(Dick)과 릭(Rick) 호잇(Hoyt) 부자를 통해서도 알 수 있다.[2]

존재가치

존재를 존재 자체, '나다움의 나'로 인정할 때 그때부터 그 존재로서의 가치가 드러난다. 보통 행복을 느낄 때, '나다움의 나'에 대한 가치를 인식하게 된다. '나다움의 나'를 자각하게 되면 고통에도 덜 상처받는다. 왜냐하면 자신의 내면에 중심이 잡힌 '나다움의 나'는 그 어떤 외부의 자극에 쉽게 흔들리지 않기 때문이다. 이러한 안정된 내면의 닻은 자신의 가치를 몰라 허무하게 생각했던 자신 스스로를 사랑하고 존중하며 행복의 근원이 자신의 내면에 있다는 사실을 깨닫게 해준다.

자녀들은 성인이 되어 큰아들은 이미 결혼을 했고, 둘째도 연애를 하고 있는 두 아들을 둔 어머니이자 한 여성으로서 제2의 인생을 꿈꾸며 대학원에 입학해 마지막 학기를 남겨둔 분이었다. 대학원을 졸업한 후 진로에 대한 주제로 코칭을 받고자 나를 만나게 되었다.

　　주제를 탐색하는 중에 그녀는 제2의 인생을 살고 싶은 강력한 욕구가 그녀가 그간 살아온 인생에 대한 보상심리라는 것을 느낄 수 있었다. 특히 남편의 집착과 같은 사랑으로 20대 초반에 결혼을 했다. 사업을 하느라 오랜 세월 외국에서 생활했고 그곳에서 사업하는 동안 그녀의 남편은 온갖 부정적인 모습으로 아내에게 깊은 상처를 주었다. 그녀는 참고 견뎌내야만 했다. 가정부, 운전기사, 큰 저택 누가 봐도 남부럽지 않은 사모님이었다.

　　하지만 많은 돈을 도박에 날리기도 하고 그녀를 종 부리듯 하며 자신의 안락만을 추구한 남편이었다. 심지어 가정부와 불륜의 현장을 목격했던 아내였다. 그러나 그 사실을 알고 있다고 말할 수도 없었다. 남편의 심한 학대가 두려웠기 때문이다.

또한 그녀는 그 외의 여러 이야기를 하면서 그녀의 가슴에 맺혀있던 상처, 분노를 풀어내게 되었다. 남편에게 철저히 순종적이었던 자신의 모습은 철저히 가식이었다고. 마음은 늘 남편을 경멸하고 무시하고 밑바닥 인생을 살고 있다고 조롱하고 있었다고. 어쩜 남편도 그러한 아내의 가식적 순종을 느꼈기 때문에 자신의 모습이 순종적일수록 심하게 자신을 조종하려 들었던 것 같다고 했다.

20여 년의 외국 생활을 집고 한국에 돌아와 지금은 부동산 투자를 하며 여유롭게 지내고 있지만, 남편은 여전히 자신이 무엇인가 새로운 것을 하거나, 밖에 나가야 할 때도 그것을 편안하게 받아들이지 못한다고 했다. 대학원 입학도 교수인 언니의 도움을 받아 남편을 억지로 항복시켜 입학하게 되었다고. 그녀의 모든 부분에 발목을 잡고 있는 남편과의 관계를 해결하지 않고는 한 발짝도 앞으로 나아갈 수 없다는 것을 그녀가 인식하기 시작했고, 그녀는 코칭의 주제를 자연스럽게 바꿔 다시 정리해 주었다.

그녀는 남편에게 가식적 순종을 하는 모습 이전에 자신의 존재에 대한 인식을 하지 못했었다. 그것을 몰랐기 때문에 비굴한 굴종을 하며 긴 세월을 보내야 했다. 코칭을 통해 그녀는 '나다움의 나'를 인식하게 되었고, 부인이나 저항 없이 존재하고 있는 그대로의 자신을 보듬게 되었다. 자신이 무엇을 하면 진정으로 행복한지 존재에 대한 가치도 깨닫게 되었다. 그러면서 그녀의 인생에 결코 상상할 수 없던 일이 생기기 시작했다.

자신의 존재가치를 찾고 보니, 그 긴 세월 동안 안중에도 없었던 남편의 가치가 보이기 시작했다. 식사를 준비해 상을 차리면서도, 남편의 옷을 세탁하면서도 이전과 달리 억울함과 과거의 상처가 오버랩되기보다는 남편에 대한 긍휼한 마음, 불쌍하고 가련한 마음이 들기 시작했다고. 남편을 부를 때에도 바라볼 때도 이전과 다른 자신의 마음을 느끼게 되었다고 그녀는 말했다.

7-8회의 코칭 프레즌스(코칭을 할 때)에서 그녀는 남편의 장점, 탁월한 점을 이야기하기 시작했다. 그리고 남편이 진정으로 좋아하고 행복해하는 것이 무엇인지 관심을 갖게 되었고 그것을 하도록 지원자가 되어 주고 싶다고 했다. 코칭은 경이로움 자체였다. 그녀의 의식확장에 나도 놀라지 않을

수 없었다. 존재를 존재로 바라본다는 것이 이렇게 파워풀하며 존재가치를 찾을 때 나의 진정한 행복을 찾는 것보다 더 큰 영향력은 상대의 존채가치가 보이기 시작한다는 것이다.

인간에게 있어 인식은 참으로 대단하다. 무엇인가를 인식하는 순간 그전에 보이지 않았던 것이 보이기 시작한다. 그래서 나는 강의를 할 때마다 이런 말을 자주 한다. 인식하느냐 못하느냐는 백지 장 차이지만 지구 한 바퀴를 도는 차이라고. 이렇게 '나다움의 나'는 한 개인에게 그치지 않고 자신과 관계하는 이들에게 선순환의 영향력을 미치게 되기 때문에 더 힘(powerful)이 있다.

조각된 사람의 마음에는 분노, 불신, 무시, 학대, 미움이 있다. 왜냐하면 조정 당하고 조정하기 때문이다. 그러나 진정한 존재 '나다움의 나'는 옹달샘처럼 끊임없이 마르지 않는 영향력을 샘솟게 한다.

나 역시 이러한 존재, '나다움의 나'에 대해 인식하게 된 것은 2000년 초 코칭을 배우면서였다. 13년간 편집장의 일을 나의 천직으로 여기며 열정적으로 일했었다. 그러던 중

'파워체인지' 폴 박사의 강의를 듣게 되었다. 그 내용은 내게 대단한 영향을 주었다. 내 존재가치를 나타내는 단어가 '변화와 성장' '영향력' '기여'라는 사실을 알게 되었고, 그것을 의식하기 시작했다.

그 이전의 나를 돌아보아도 내 존재는 이 세 가지를 할 때 행복했다는 사실을 깨달으며 참 놀랍고 감사했다. 끊임 없이 변화와 성장을 하고, 선한 영향력을 미치며, 개인, 조직, 사회, 그 어디에든 기여할 때 나는 행복하다는 사실을 확인 하게 되었다. 지금 생각하면 내가 미국에 가게 된 내적 동기 역시 바로 '나다움의 나'로 존재하기 위한 행보였다.

처음 미국에서 겪었던 내 앞에 닥친 현실들을 만약 한 국에서 만났다면 아마도 저항 없이 받아들였을까? 시간의 효율성, 성과, 건강, 일의 밸런스, 너무나 많은 잣대에 걸려 나를 그 현실 속으로 내 던질 수 없었을 것이다. 그러나 미 국의 문화도, 법도, 생활양식도 모두 낯설기만 했던 나는 내 심 결단을 했다. 이전의 옷을 벗어 던지자! 새롭게 배우고 경 험하고 적응하기 위해 내게 닥친 위기, 어려움, 사건, 상황에 두려움 없이 뛰어들었다. 그럴 수 있었던 것 역시 내면의 '나다움의 나'에 닻이 내려져 있었기 때문이라고 생각한다.

　　조이 어머니를 만난 후 얼바인에서 첫 직장을 다닐 즈음이었다. 그곳에서 우연히 사무실을 방문한 사라를 만나게 되었다. 그녀는 홀로 미국에 와 10년이 넘도록 유학 비자로 살고 있는 30대 초반의 싱글 자매였다. 그것이 인연이 되어 나는 정규적으로 그녀를 만나 이야기를 경청하며 대화 속에서 얻게 된 직관도 나누며 코칭 대화를 하게 되었다. 그녀는 나를 잘 따랐고 내게 고미워했다. 몸이 둘이라도 모사를 낳은 일을 하면서도 그녀와 일주일에 한 번 정규적으로 만나는 그 시간에서 나는 힘을 얻었다. 그리고 참 행복했다.

　　내가 2017년 8월 한국으로 돌아온 후 그녀 역시 결혼을 해 가족(남편과 딸)과 함께 한국에서 체류하게 되었다. 한국에서 우연히 그녀를 다시 만났을 때 너무나 반갑고 기뻤다. 그녀는 현재 우리 펌에서 코칭 공부를 하고 코치 자격증 취득을 위해 코칭아워(hour)를 쌓고 있다. 미국에서 처음 그녀를 만났을 때 이러한 상황은 전혀 상상할 수 없었던 일이다. 그녀와의 관계에서도 사람은 존재가치대로 살 때 행복하고 기쁘다는 것을 다시금 깨닫는 시간이었다.

자신의 존재 '나다움의 나'의 내면에 닻을 내린 사람은 외연적인 환경이나 시스템에서 볼 수 없고 찾을 수 없는 무한한 잠재적인 영향력을 흘려보내게 된다. 폭풍우와 같은 예측불허의 상황에서도 흔들리지 않는 평정심으로 관계, 사건, 상황을 온전히 볼 수 있게 된다. 그 '나다움의 나'에서 흘러넘치는 내적 충만한 영향력이 바로 플로잉 리더십(Flowing Leadership)이다.

그러므로 내가 나의 진정한 존재를 찾을 때 남을 조각하지 않게 되고 나도 다른 사람에게 조각되지 않는다. 그래서 인간관계의 동기가 기쁨, 소망, 사랑 신뢰의 에너지로 내적인 충만을 경험하게 된다. 그 존재, '나다움의 나'로 살아가는 것이 진정으로 자신을 사랑하는 것이며 나 자신을 진정으로 사랑할 때, 나와 관계하는 다른 사람을 더 잘 사랑하게 된다. 왜냐하면 인간의 뇌는 나 자신의 감정을 인식하고 사랑하는 뇌의 길(스냅스의 연결)과 다른 사람의 감정을 인식하고 사랑하는 뇌 길이 같은 지점이기 때문이라고 뇌과학자들은 말한다.

앞에서 이야기했던 Mrs. Lee를 많은 사람이 존경하고 따르는 이유 역시 그 누구든 있는 그대로 상대를 존재 자체로 바라보고 수용하기 때문이다. 그녀는 오래도록 자신의 존재와 그 가치대로 살아왔기에 우주의 종말(죽을 수 있다는 암 진단) 앞에서 오히려 마음이 고요했고 감사의 조건을 먼저 찾을 수 있었다. 그리고 그 속에서도 변함없이 존재로서 심어야 할 사과나무를 심을 수 있었던 것이다. 어쩜 이러한 '나다움의 나'로 살아가는 길이 세상에 온전히 발 딛고 사는 동시에 세상을 초월하며 살아가는 것이 아닐까?

의식과 무의식

서로의 관계

이러한 '나다움의 나'로 살아가기 위해 알아야 할 것이 있다. 바로 의식과 무의식의 관계다. 이 관계를 알게 되면 '나다움의 나'로 존재하는 것에 대해 무엇이 발목을 잡는지 인식하게 되고, 그것을 인식하게 되면 끊임없이 샘솟는 내적 충만으로 흘러넘치는 영향력, 플로잉 리더십의 공동이 막히지 않게 된다. 그래서 의식과 무의식의 작동 원리를 이해하는 것이 필요하다.

인간의 내면에는 의식과 무의식이 있다. 이것을 바다에 떠 있는 빙산에 비유하자면 수면 위의 빙산과 수면 아래의 빙산으로 나뉜다. 보통 빙산의 일각이라고 표현하는 수면 위의 빙산을 의식, 수면 아래의 빙산을 무의식으로 생각하면 이해하기 쉽다. 이 의식과 무의식은 인간 내면의 마음이라 할 수 있다. 그 수면 위의 빙산은 보고 듣고 냄새 맡고 맛보고 만지는 오감에 의해 느끼고 생각한다. 나 자신이 무엇을 보는지, 어떤 것을 듣는지, 무슨 냄샌지, 무슨 맛인지, 어떤 촉감인지 안다. 그러한 자극을 통해 어떤 생각을 하게 되는 영역이다. 그래서 의식은 언어로도 표현할 수 있다.

의식이 빙산의 일각, 5퍼센트 정도라면 무의식은 나머지 95퍼센트의 무한한 영역이라 할 수 있다. 무의식은 평소 자각하지 못하는 영역이다. 즉, 자신의 무의식을 자신이 모른다는 것이다. 뇌과학자들에 의하면 무의식이 주로 3세 이전에 저장된 것들이기 때문이라고 말한다.

특히 어릴 때 경험은 판단하거나 해석하거나 지각할 수 없는 것들이 많다. 그런 경험들이 축적되고 그 바탕 위에 자기 나름의 경험들을 통해 자기만의 무의식이 만들어진다. 그리고 의식으로 연결된다. 이렇듯 무의식은 아주 어린시절(신생아 시기를 포함) 자극과 경험, 교육, 환경으로 형성

되므로 어린 시절 어떤 자극과 경험을 접했느냐는 매우 중요하다. 이런 것들이 무의식을 차지하고 결국 개인의 마음의 대부분을 형성하게 된다.

이러한 무의식은 의식하기 전, 몸이 먼저 반응하는 영역이다. 그래서 때때로 의식하지 못한 상태의 무의식이 몸으로 반응한 결과에 대해 '내가 왜 그랬을까?' '이건 아닌데?' 이렇게 스스로 반문할 때가 있다. 무의식이란 인간 영혼의 심연이다. 너무 부담스럽거나 상처가 된 모든 경험, 스스로 부정했던 감정들이 무의식에 차곡차곡 쌓이게 된다.

고통, 슬픔, 억울함, 괴로움의 감정을 느낄 때, '난 괜찮아' '아무렇지도 않아'라고 부정적인 감정을 인정하지 않은 순간 아무 일 없이 지나가는 것 같지만 자신이 부정한 그러한 감정들은 없어지는 것이 아니라 무의식에 차곡차곡 쌓이게 된다. 내가 의식하지 못할 뿐이다.

그래서 내 의식이 외부의 자극(오감)으로부터 생각하게 될 때 그 생각이 자신도 알지 못하는 무의식에 있는 감정을 건드리게 되고, 그렇게 되면 자신도 모르게 상식을 벗어난 과도한 반응을 하게 되는데 정작 그러한 행동을 하는 자신은 그 이유를 모른다.

다시 말해 의식이 오감으로 받은 자극에 의해 생각을 하게 되고 그것이 무의식의 감정을 자극해 결국 행동의 결과를 만들게 된다. 우리의 행동은 의식과 무의식의 마음이 몸에 영향을 미쳐 행동의 결과를 낳게 되는 것이다. 여기서 의식의 생각이 무의식의 감정과 일치되지 않고 혼동 또는 갈등을 일으키게 될 때, 그것이 몸에 영향을 끼쳐 원하지 않는 행동의 결과를 낳게 된다. 반면 의식의 생각이 무의식의 감정, 가치, 의미, 욕구와 갈등이 없을 때, 몸을 통해 좋은 행동의 결과를 얻게 된다. 이것이 의식과 무의식의 마음이다.

그런데 의식은 생각을 선택할 수 있다. 부정적인 생각이든 긍정적인 생각이든 원하는 것을 선택하는 것이 가능하지만, 무의식은 의식이 생각하는 대로 모든 것을 저항 없이 그대로 받아들인다. 실제로 일어난 일이든, 일어나지 않은 일이든 의식이 생각하고 상상하는 모든 것을 그대로 받아 그에 따른 행동을 하게 된다. 그래서 반복되는 의식의 생각이 무의식에 계속 영향을 주므로 성격, 신념이 만들어지는 것이다.

마치 숲이 우거진 산길은 한 번 오고 간다고 만들어지지 않듯이 수많은 사람이 그 길을 계속 오갈 때 길이 만들어진다. 이처럼 무의식 역시 의식의 생각이 수없이 반복되면서 신념, 가치로 굳어지게 되는 것이다.

그래서 의식에서 남들과 비교하거나, 강요받거나, 추궁당하거나, 수치심, 열등감과 같은 부정적인 생각이나 자극을 받게 되면 무의식은 불안, 염려, 두려움, 저항과 같은 감정으로 몸에 영향을 주어 그러한 행동의 결과를 얻게 된다. 그래서 의식의 생각이 낙천적, 낙관적, 긍정적인 생각 또는 고난을 극복한 경험들이 계속 반복해 쌓이게 되면 무의식도 그러한 길을 만들게 되어 마음의 근육이 단단한 심력을 갖게 된다.

그러한 마음의 힘이 결국 감성지능, 회복탄력성으로 생각과 의식에 힘을 싣게 된다. 이렇게 의식의 생각이 무의식의 감정에 영향을 주면 의식에 영향받은 무의식의 감정이 몸에 영향을 주어 어떤 행동의 결과를 만들어 낸다. 그 행동의 결과는 다시 의식에 영향을 주게 된다. 간단히 말하면 의식의 생각이 무의식의 감정에 영향을 주고 그 무의식의 감정은 몸에 영향을 주어 행동을 하게 된다. 그 행동이 다시 의식에 영향을 미치는 순환 관계다.

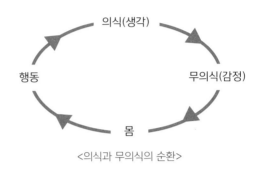

<의식과 무의식의 순환>

내적 갈등

그렇다면 이러한 의식과 무의식의 관계를 통해서 내적 갈등이 어떤 것인지 조금씩 감이 잡히지 않는가? 의식과 무의식의 순환에서 알 수 있듯이 내적 갈등이란 의식과 무의식이 순환하기 위해 영향을 주고받을 때 의식의 생각이 무의식의 감정과 대치되는 것을 의미한다.

다시 말해 의식의 생각이 '난 되는 일이 없어' '난 늘 엉

망이야' '난 할 수 없어' '난 너무 두려워' 이런 부정적인 생각을 하면 그간 무의식에 장착된 감정, 신념, 가치, 존재와 맞지 않아 겪는 고통을 내적 갈등이라고 표현하는 것이다. 무의식은 대치되는 의식을 거부할 수 없이 받아들여야 하므로 그런 갈등은 필연적이다.

그러면 이러한 갈등을 일으키는 부정적인 생각들은 어디서부터 오는 것일까? '나다움의 나'로 존재하는 것을 방해하는 에고(ego) 즉, 자아에서 비롯된다. 자아는 오로지 현실만을 인지해 오감으로 경험되는 것에 의해 작동된다. 멋진 것만 보고, 맛있는 것만 먹고, 자신이 좋아하는 음악만 듣고, 향긋한 냄새만을 맡고, 감촉 좋은 것만을 원하는 매우 자기중심적이다.

이러한 만족을 얻지 못하면 자아는 계속 불평하고 불만을 늘어놓는다. 그래서 끊임없이 더 좋은 것만을 추구한다. 더 많은 돈, 더 큰 집, 더 좋은 차, 더 좋은 사람, 더 좋은 학벌, 더 큰 행복 등 어떤 것이 채워져도 만족 없이, '더' '더 더' '더 많이', '더 좋은' 것에 대한 욕망은 끝이 없다. 이렇게 자기에게 편하고 좋은 것만을 원하는 에고(ego, 자아)는 용기,

도전, 헌신, 봉사, 희생과는 거리가 멀다. '나다움의 나', 진정한 존재로서 가치 있게 사는 행복과는 전혀 다른 삶을 추구하기 때문이다.

무의식이 이러한 부정적 생각을 받아들이는 민감도는 (갈등의 많고 적음) 애초 무의식에 담겨진 부정적인 감정의 양에 달려 있다. 무의식에 긍정적인 부분보다는 부정적인 면이 더 많이 쌓여 있으면 에고의 부정적인 반응에 덜 갈등하게 되고, 오히려 부정저인 감정이 더 쌓여 있는 만큼 긍정적인 반응에 더 갈등할 수 있다. 본인을 칭찬하며 긍정적으로 봐주는 것에 오히려 거부감과 저항감이 올라오는 사람도 있다. 무의식에 쌓인 부정적인 면이 훨씬 더 많기 때문에 보통 사람과 달리 의식의 긍정적인 생각에 오히려 갈등하는 경우이다.

이러한 의식과 무의식의 마음이 몸을 통해 행동으로 나타나기 때문에 마음의 내면이 건강할 때 몸도 건강하게 된다. 이렇게 마음이 몸에 미치는 힘은 수많은 임상 연구를 통해 밝혀진 바 있다. 인간의 몸에서 방출되는 에너지장을 '오라(aura)'라고 하는데, 마음의 감정의 변화(긍정적이냐 부정적이냐)에 따라 '오라'의 색깔과 크기가 바뀐다는 사실이다(fMRI; 기능성 자기공명 영상장치, PET; 양전자 방출 단층 촬영장치, 키를리안 사진술 등).

　　우리 몸의 근육은 긍정적이거나 부정적인 자극에 즉각적으로 반응하기 때문에 근육 테스트에서도 같은 반응이 나타났다. 불안, 공포, 분노, 죄책감의 감정은 근육을 긴장시키고, 그와 반대되는 감정은 근육을 이완시켜 에너지가 자연스럽게 흘러가게 한다.

　　이러한 마음의 에너지장 송출은 거리와 공간의 제약을 받지 않는다. 그러므로 우리가 일상에서 가볍게 하는 생각이나 감정이 타인에게 영향을 미치고 있다는 사실이다. 내가 다른 사람을 잘될 것이라고 응원하고 지지하는 마음이 있으면 그 에너지가 영향을 미쳐 정말 그가 잘될 수 있다.

　　내가 다른 사람에 대해 미움과 좋지 않은 마음으로 '쟤는 글러 먹었어'라고 생각하면 그러한 마음이 안 좋은 에너지장으로 상대에게 영향을 미친다는 것이다. 그래서 주변 사람들이 나를 어떻게 생각하느냐도 중요하며 내가 주변 사람들을 어떻게 생각하느냐도 중요하다. 서로에게 영향력을 미치는 관계 안에 살고 있기 때문이다.

부정적 감정 다스리기

여기서 기억해야 할 중요한 사실이 있다. 어떤 생각으로 부정적인 감정이 올라올 때, 또 다른 생각을 심지 말고 그냥 바라봐 주면 90초가 지나면 부정적인 감정이 가라앉는다는 사실이다. '그래, 슬프구나' '많이 괴롭지!' '힘들구나!' 이렇게 바라보고 인정해 주는 것까지만 하면 그 부정적인 감정은 신기하게도 곧 사라진다.

어떤 생각으로 부정적인 감정이 올라올 때 그냥 바라보고 인정하는 선을 넘어 거기에 계속 생각에 생각을 심어 기름을 붓게 되면 그 부정적인 감정은 꼬리에 꼬리를 물고 과거 또는 그렇게 될 것이라는 미래의 생각까지 당겨와 스스로 감당할 수 없는 폭풍의 해일을 만들어 자신을 그 속으로 침몰시켜 헤어나오지 못하게 한다. 꼭 기억해야 할 것은 부정적인 감정이 올라올 때 아니라고 저항하거나 부인하지 말고 그냥 그 감정을 인정하고 바라봐 주는 것까지는 해야 한다.

우리는 사소한 일에도 심하게 화를 내는 사람을 종종

만나게 된다. 나 역시 그런 분을 만난 적이 있다. 주변 사람들은 그를 버럭 버럭 소리를 지른다고 하여 '버럭쟁이'라는 닉네임까지 붙였지만 정작 본인은 그 사실을 전혀 인식하지 못하고 있었다. 코칭 대화 중에 알게 된 사실은 빌딩 숲의 정글에서 경쟁이라는 외줄을 타며 살아남기 위해 치열한 순간순간을 살아야 했던 그는 해야 할 너무도 많은 우선순위 앞에서 감정에 휘말리는 자신이 되지 말아야 한다고 생각했다.

왜냐하면 부정적인 감정에 휘말리면 일에 쏟아 부어도 부족한 시간과 에너지를 낭비한다고 생각했기 때문이다. 그래서 부정적인 감정이 올라올 때마다 외면하고 무시했다. 그 외면하고 무시한 부정적인 감정을 무의식에 처박아 꾹꾹 누르고 있었던 것이다.

그래서 누가 봐도 상대가 잘못한 것이라고 인정되는 실수나 잘못의 방아쇠가 당겨지면 2-3의 강도로 해야 할 반응을 7-8의 강도로 너무 격한 감정의 표출을 하게 된다. 그간 내가 외면해 무의식에 쌓여 꾹꾹 눌려있던 부정적인 감정이 분출구를 찾았다는 듯이 눌려있던 강한 압력에 비례해 분출되었던 것이다. 부정적 감정이 올라올 때마다 그것을 부인하고 외면한다고 결코 사라지는 것이 아니다. 내가 의식하지 못할 뿐 무의식에 계속 센 강도의 압력으로 누르고 있는 것이다.

문제는 그 억눌린 감정의 에너지가 뇌의 자율신경계를 통해 다시 병적인 변화를 일으키고 이로 인해 실제로 병이 생기게 된다. 부정적인 감정이 생기면 앞에서도 언급했듯이 근력이 즉시 반으로 줄고, 시야도 좁아진다는 사실이다. 보통 스트레스는 이렇게 억압되고 억제된 감정이 쌓여 생긴 압력(에너지가 자연스럽게 흘러가지 못하고 있는 상태)에서 비롯된다. 이 압력은 늘 분출구를 찾으려는 속성을 갖게 되므로, 이때 외부 사건이 방아쇠 역할을 하게 되는데 보통 우리는 그 외부 사건을 스트레스라고 생각한다.

그러나 그것은 진짜 스트레스가 아니다. 외부에서 발생된 요인(스트레스라고 생각하는 것)이나 자극에 대한 우리 내면에 있는 감정의 반응이 곧 스트레스란 사실이다. 내면의 신념과 그 신념에 결부된 억눌러진 감정이 스트레스를 결정짓는 것이다. 결국 스트레스로 인한 피해는 자신의 감정이 낳은 결과이지 외부의 요인이 아니란 사실이다.

그러므로 그 어떤 외적인 요인이 있어도 내 안에 그것으로 자극될 억압된 감정이 없다면 결코 스트레스가 되지 않는다. 이러한 의식과 무의식의 작동의 원리를 통해 '나다움의 나'로 존재하는데 발목을 잡는 것이 무엇인지 알았다면 그럼 '나다움의 나'로 온전히 존재하게 하는 것은 무엇일까?

The Flowing Leadership

존재의 마스터 키

사랑의 빛

그렇다면 '나다움의 나', 온전한 존재가 행복을 느끼는 존재가치로 꽃필 수 있게 하는 것은 과연 무엇일까? 바로 사랑이다. 존재는 사랑 안에서만 온전해질 수 있다. 왜냐하면 사랑은 감정과 생각을 넘어서기 때문이다. 인간의 진심, 관대함, 보살핌, 다정함, 너그러움, 꾸준함, 보호, 협력, 희망은 사랑의 에너지에서 비롯된다. 그러한 사랑은 따뜻함, 감사, 공감, 겸손, 순수한 동기, 상냥함 등으로 다가온다.

그래서 이러한 사랑은 부정적인 감정, 악의, 죄악마저 녹여낸다. 마치 칠흑 같은 어둠에서 비추는 등대의 불빛이 찬란한 태양 빛 아래에서 그 빛이 사그라지듯. 태양 빛보다도 더 찬란한 사랑은 인간을 온전한 존재로만 보게 한다. 왜냐하면 찬란한 사랑의 빛에서 존재를 뒤흔드는 모든 것은 힘을 잃기 때문이다. 그 완강했던 자기 부정도 깊은 상처도 교만도 외적 장애마저도 그 빛 앞에서는 모두 항복하게 되기 때문이다. 그래서 사랑은 우리에게 기적을 선사하기도 한다.

천재적 두뇌로 옥스퍼드대학에서 학창시절을 즐기고 있던 한 청년이 있었다. 진공 분야의 시노교수에게 주목을 받으며 학구열에 불탔던 젊은 학도였다. 당시 캠브리지대 대학원의 진학을 위한 어려운 문제도 척척 풀어내 동료들의 부러움을 한 몸에 받았던 그였다.

수업을 마치고 친구들과 파티에 갔지만 그와 그의 친구들은 물리학에 대한 변증으로 한참을 이야기하고 있었다. 그 와중에 맞은편 먼발치에서 친구와 대화를 나누고 있는 한 여학생이 그의 눈을 사로잡았다. 그녀 역시 자신을 쳐다보고 있는 그와 눈이 마주쳤고 서로의 눈이 마주친 순간 그는 그녀 앞으로 성큼성큼 다가가 자신을 소개하며 둘은 파티가 끝나기까지 서로에게 몰입되었다.

그렇게 만난 그들은 사랑에 빠졌고 평범한 일상이 행복의 날개를 단 순간순간이었다. 그러던 어느 날, 수업을 마치고 그녀를 만나기 위해 약속 장소로 가던 중 갑자기 캠퍼스 길바닥에 정신을 잃고 쓰러지게 되었다. 병원으로 실려간 그는 정밀검사를 받게 되었고, 21살의 젊은 나이에 2년밖에 살 수 없다는 의사의 말을 듣게 되었다. 그의 병명은 전신 근육이 서서히 마비되는 루게릭 병이었다.

　　2년밖에 살 수 없다는 그 시한부 선고는 거침없이 나아가고 있던 그의 인생에 브레이크를 걸었다. 사랑하는 그녀도 만날 수 없었고, 그의 학구열에 불을 질렀던 강의실에도 갈 수 없었다. 자신을 사랑하는 그가 왜 갑자기 피하는지 몰라 괴로워하고 있을 때, 그의 친구를 우연히 만나 그가 2년밖에 살 수 없다는 말을 듣게 된 순간 그녀는 자리를 박차고 일어나 그가 있는 기숙사로 달려갔다.

　　나가라고 소리치는 그에게 천천히 다가가 내가 당신을 사랑한다고 이야기를 하며 그를 꼭 끌어안았다.

　　"난 2년밖에 못살아. 제인"

"나도 알아, 스티븐"

그녀는 그의 입술에 키스를 한 후 그의 얼굴을 두 손으로 감쌌다.

그리고 그의 안경을 벗겨 닦은 후 다시 끼워 주며,

"훨씬 낫지?"

"정말 그런 거 같아."

깨끗한 안경이 그의 시야를 밝게 해준 것처럼 그들의 사랑도 더 투명하게 보이기 시작했다. 시간이 흐르며 고통과 좌절로 모든 것이 엉망이 될 것이라고, 냉혹한 현실을 직시하라는 부모의 충언에 그녀는 자신이 그를 사랑하고 그도 자신을 사랑한다고 이야기했다.

두 사람은 웨딩마치를 울렸고 슬하에 세 자녀를 낳았다. 그의 몸은 점점 마비되기 시작했다. 계단을 엉덩이로 힘들게 올라야 했고 자신의 손으로 식사도 할 수 없었다. 두 다리는 양손의 지팡이에 의지해 학교를 가야 했다. 마침내 얼굴의 근육까지 마비되어 입술은 삐뚤어지고 혀도 굳어져 어눌하게 말하기 시작했다. 그러나 그녀의 사랑은 변함없이 그를 천재의 두뇌를 가진 존재로 살게 했다. 그리고 캠브리지대 대학원 박사 논문도 쓰게 했다.

결국 그는 고개를 가눌 수도 없는 상태로 온몸을 전동휠체어에 의지할 수밖에 없었다. 그런 와중에 폐렴의 합병증으로 사경을 헤매고 있을 때, 숨쉬기가 어려워 곧 죽게 될지도 모른다는 의사의 말에 그녀는 꼭 반드시 살려내야 한다고 단호하게 이야기했다. 숨을 쉬는 기도가 마비되 숨을 쉴 수 있는 구멍을 만들어 호흡하게 하는 수술 외에는 방법이 없다고. 그렇게 되면 더이상 목소리를 낼 수 없게 된다는 의사의 말에 그렇게 해서라도 반드시 살려내야 한다고 그녀는 호소했다.

그렇게 해서 살아난 그는 눈으로 색깔을 주시해 단어를 표현하는 방식을 익혀야 했다. 그것이 유일한 대화의 수단이었기 때문이다. 그를 돕고자 하는 이들의 연구를 통해 목소리를 낼 수 없는 그에게 컴퓨터 음성재생장치 조정기가 그의 손에 쥐어졌다. 마침내 그는 전동휠체어에 컴퓨터 음성재생장치를 달아 버튼식 조정기를 손에 쥐고 강연을 하게 되었다. 그 조정기를 누르면 컴퓨터 화면에 문장이 새겨지고 그 문장이 사람의 음성으로 녹음돼 청중에게 전해졌다.

육안으로 보기엔 누가 봐도 그는 전동휠체어에 옮겨 놓은 식물인간처럼 보였다. 그런 상태에서 그는 책을 집필하고, 30년간 캠브리지 대학 석좌교수로 재직했다. 아인슈타인 다음으로 천재적인 과학자로 인정받으며 이론물리학계 거장이 되었다. 상대론적 특이점(singularity)에 대한 정리를 증명했고, 특히 우주와 물질, 시간과 공간의 역사에 대한 이론을 『시간의 역사』란 제목으로 책을 출판해 2천 5백만 부의 베스트셀러 저자가 되기도 했다. 그가 바로 스티븐 호킹 박사(1942~2018년)다.[3]

무엇이 2년밖에 살 수 없었던 그의 생명을 무려 74년이나 연장시켰는가? 온몸이 마비되어 전동휠체어에 마른 장작에 옷을 입혀 놓은 듯, 외관상 그 어떤 것도 해낼 수 없는 모습이었다. 그러나 변함없이 그를 존재 자체로 살게 했고, 평범한 사람들도 해낼 수 없는 그만의 가치로 빛날 수 있었던 것은 바로 제인, 그녀의 헌신적인 사랑 때문이었다.

이처럼 사랑은 상대를 온전한 존재로만 보게 한다. 그 눈부신 사랑의 빛에 존재로 들어난 상대는 '나다움의 나'의 가치를 또 다른 사람에게 흘려보내게 된다. 그 존재의 빛을 받은 또 다른 상대는 자기 주변의 사람들에게 그것을 또 흘려보내면서 마치 도미노 같이 계속 전달돼 선순환을 일으킨다. 이러한 '나다움의 나'로 존재하는 영향력이 흘러 흘러 지구를 한 바퀴 돈다면 세상은 어떻게 될까? 평화 그 자체가 아닐까.

그래서 '나다움의 나'로 살아가는 사람은 자신의 외적 장애, 환경, 타인의 독설에도 투명한 존재로 미러링한다. 난쟁이에 등에는 혹까지 있어 따돌림을 받는 한 소년이 있었다. 그 부모님에게는 눈에 넣어도 아프지 않은 귀한 아들이었지만 또래 아이들에게는 끔찍한 존재였다. 그의 못생긴 얼굴과 흉측한 신체는 괴물이라고 놀림 받기 충분했다. 그러나 정작 '나다움의 나'로 존재했던 그는 깊은 사랑으로 내면이 충만한 청년이 되었다.

어느 날 한 장사꾼에게 물건을 사기 위해 그 집을 방문하게 되었다. 그곳에서 운명과 같은 연인을 만나게 되었다. 그녀를 향한 자신의 감정을 알게 된 청년은 정장 차림으로 그녀를 찾아갔지만, 그녀는 그의 외모를 무서워했고 눈길조차 주지 않았다.

계속되는 거절에도 그는 좌절하지 않았고 자신의 순수한 사랑을 그녀도 알게 될 것이라고 믿으며 그녀가 그것을 알 수 있도록 최선으로 노력했다. 그의 진심이 선해질 것을 간절히 바라며 변함없이 정장 차림에 장미 꽃다발을 들고 그녀를 찾아갔다.

"왜 계속 오시는 거예요. 난 당신이 싫어요."

"죄송합니다. 실례인 것을 알면서도 이렇게 할 수밖에 없는 제 이야기를 들어주시겠어요?"

간절한 청년의 눈빛에 그녀는 마지못해 고개만 끄덕였다.

"전 하늘이 정해준 운명을 믿습니다. 당신이 바로 하늘이

정해준 나의 운명입니다."

청년의 말이 거북살스럽다는 듯이 미간을 찌푸리며 그녀는 쏘아부쳤다.

"말도 안 돼요. 어떻게 내가 당신의 운명이 될 수 있어요?"

청년은 간절한 눈빛으로 그녀에게 말했다.

"내가 태어나기 전, 누군가 내게 이렇게 말했습니다. '너와 결혼할 여자는 등에 혹이 난 꼽추란다. 이것이 네 운명이란다.' 저는 사랑하는 여인이 그런 모습으로 살며 힘들어하는 것을 견딜 수 없습니다. 차라리 아내 대신 제가 꼽추가 되겠습니다. 부디, 제 소원을 들어주시기를 간절히 부탁드립니다."

청년이 그녀의 눈빛을 바라보자, 그녀는 떨리는 목소리로 말했다.

"그럼 저를 대신해서 당신이 이런 모습이 되었단 말씀인가요?"

청년은 고개를 끄덕이며 이야기했다.

"제 진심이 보이시나요. 비록 제 외모는 이 세상에서 가장 추하게 보이지만 당신을 향한 내 사랑은 이 세상 누구보다 진실하고 투명합니다. 이런 제 내면을 봐달라는 말씀을 꼭 전하고 싶었습니다."

어느새 그녀의 눈에는 이슬이 맺혔고 이렇게 이야기했다.

"당신의 진심이 보여요. 당신은 정말 곱고 아름다운 분이세요."

마침내 그녀는 그의 진실한 사랑에 그를 존재로 보게 되었고 아름다운 가정을 이루게 되었다. 그 청년이 바로 작곡가 '멘델스존'의 할아버지 '모세 멘델스존'이다.[4]

모세 멘델스존이 진정한 존재로 자신을 인식하지 못했다면, 그녀의 수없는 거절에 상처를 받고 남을 원망하며 좌절과 수치심에서 헤어나지 못했을 것이다. 보통 사람들보다 더 열악한 자신의 여건에도 불구하고 그는 '나다움의 나'로 인해 굴절이나 왜곡 없이 투명하게 존재로서의 자신을 흘려보낼 수 있었다. 결국 존재로 빛나는 그 사랑에 그녀의 에고는 빛을 잃고 그간 에고에 가려져 볼 수 없었던 그의 내면이 보이기 시작한 것이다.

이처럼 '나다움의 나', 진정한 존재로서 행복하게 사는 가치는 옹달샘의 공동과 같이 내면에서 끊임없이 영향력을 흘러넘치게 해주는 근원과 같다. 이러한 존재 자체로 한 개인을 빛나게 하는 것이 바로 사랑이란 사실을 모세 멘델스존의 이야기를 통해서도 알 수 있다.

왜냐하면 사랑은 타인에게서 그의 결점보다 긍정의 면을 키우고, 사랑은 생명 안에 있는 좋은 것에 집중하게 한다. 그 사랑은 상대방에게 아무것도 기대하지 않는다. 그 사랑은 상대방을 제약하지 않으며 사랑받기 위한 방식을 요구하지 않는다. 그래서 사랑은 상대방의 존재에 빛을 비추며 상대의 곱고 아름다움을 보게 한다. 결국 이러한 영향력을 흘려보내는 플로잉 리더십은 이러한 내적 충만함이 저절로 흘러넘치는(Flowing) 것을 의미한다.

행복한 가치

그렇다면 이렇게 '나다움의 나'로 존재할 때 일상에서는 어떤 일이 일어날까? 먼저 '나다움의 나'로 존재하는 삶은 강력하고 즐겁고 참 만족이 있다. '난 못해'라고 했던 것이 '기쁘게 하겠다'로 바뀐다. 그래서 삶의 모든 면에서 가능성이 생기고, 서툴거나 드러내지 못했던 일에서 기쁘고 활기차게 된다. 시간이 지날수록 더욱더 에너지를 느끼게 된다.

사실 감정을 억누르는 데는 에너지가 소모된다. '나다움의 나'로 존재하면 부정적인 감정을 억누르던 에너지가 더 좋은 쪽으로 사용된다. 다시 말해 창조, 성장, 일, 대인관계로 쓸 수 있는 에너지로 전환 될 수 있다. 긍정적이고 필요한 곳에 쓸 에너지가 늘어나는 것이다.

문제를 해결할 때도 문제 이면의 감정을 저절로 놓게 되고, 그러면 내가 답을 찾는 것이 아니라 답이 어느새 나를 기다리고 있는 것을 알 수 있다. 보통 마음이 결정을 내리지 못하는 이유는 답이 없는 곳에서 답을 찾고 있기 때문이다. 모든 생활이 의무감보다는 그 일 자체를 즐기게 된다. 그리고 주변 사람들이 끌려오게 된다. '나다움의 나'로 사는 사람은 주변 사람이 그에게 모여든다. 이유는 편하고 행복하기 때문이다. 내면에 있던 행복이 흘러넘쳐 빛을 발하게 된다. 그래서 함께 하는 사람들에게 좋은 영향력을 미치게 된다.

'나다움의 나'로 사는 것은 의식 수준이 달라진 것을 의미한다. 그래서 돈, 명예, 권력, 야망의 동기는 사라지고, 사랑과 자유와 창조성, 의식 확대와 같은 동기가 생기게 된다. 그래서 생각과 논리보다는 직관력을 더 선호하게 된다. 부정적인 것에 쏟았던 에너지가 긍정적 생각과 감정으로 흘러들어 개인의 능력이 점점 더 활력 있게 드러난다. 그래서 불가능하다고 생각했던 것들을 현실의 목표로 삼게 된다. 그래서 의식과 자기 성장에 큰 자유와 활력을 준다.

흰 수염을 날리며 공원을 달리는 할아버지가 있었다. '나이는 숫자에 불과해. 마라토너가 될거야.' 그 할아버지는 자녀들을 따라 인도에서 영국으로 이민을 왔다. 그 할아버지는 멈추지 않고 달렸다.

"할아버지, 비가 오는데 집에서 쉬시지 왜 나오셨어요?"

"그러는 자네는 왜 나왔나?"

"저야 연습하려고 나왔지요."

"나도 연습하러 나왔다네."

공원을 달리면서 우연히 만나게 된 젊은이 역시 인도인이었고 할아버지는 타국에서 동포를 만난 것이 너무 반가워 계속 같이 공원을 달리게 되었다.

그러던 어느 날 할아버지는 '폴로라 런던 마라톤'에 나가면 좋을 것 같다는 자신의 직관의 소리를 듣게 된다. 주변 사람들은 놀라며 모두 말렸지만, 할아버지는 자신의 직관을 신뢰했다.

'땅!'

출발을 알리는 총소리와 함께 할아버지는 힘차게 달리기 시작했다. 마라톤 주최 측은 할아버지에게 문제라도 생기면 마라톤 대회에 치명타가 될까봐 달리는 할아버지를 쫓아가며 이야기했다.

"이 정도 달리셨으면 충분하세요. 할아버지. 이제 멈추셔도 괜찮습니다."

"나는 누군가에게 보여주기 위해 달리는 것이 아니라네. 나를 위해 달리는 거라네. 방해하지 말고 비켜주겠나?"

"할아버지 연세를 생각하셔야지요? 달리시다 잘못되면 곤란해집니다. 대회를 망칠 수는 없어요. 할아버지."

"절대로 그럴리 없을 걸세."

　　마라톤 관계자의 만류에도 할아버지는 멈추지 않고 달렸다. 마침내 42.195킬로미터 마라톤 풀코스를 6시간 54분에 완주했다. 할아버지의 연세는 89세였다.

　　그 후 3년이 지나 92세의 나이로 2003년 캐나다 토론토 마라톤 대회에 출전했다. 그는 지난 대회보다 1시간을 앞당긴 5시간 40분이라는 기록을 세웠다. 계속해 할아버지는 세계 최고령 마라톤 완주자로 기록되었을 뿐만 아니라 90세 이상 남자의 100미터, 800미터, 1500미터, 5000미터에서 세계 신기록을 세웠다.

그 할아버지는 아디다스의 광고 모델로 발탁되어 세계적인 축구선수 데이비드 베컴과 함께 광고 출연도 하게 되었다. 그가 바로 파우자 싱 할아버지다.[5]

'나다움의 나'로 살아간다는 것은 노령의 나이로 마라톤을 완주한 것보다 더 강력한 에너지를 얻게 된다. 그래서 상상을 초월하는 일들을 경험하게 된다. '나다움의 나'로 존재하는 사람이 있는 조직, 단체, 모임, 관계에는 이러한 강력한 영향력의 혜택을 누리게 된다. 그래서 남들의 눈에는 힘들어 보이는 일조차 '나다움의 나'로 존재할 때, 그것이 행복을 주는 가치로 변하게 된다.

진정한 자유

'나다움의 나'로 존재하면 삶에서 만나는 사람, 사건, 상황에 매이지 않게 된다. 각자의 존재대로 흘러가도록 저절로 놓아버리게 되기 때문이다. 거기에는 지적 능력이 개입되지 않는다. 그래서 전인적인 자유를 누리게 된다. 왜냐하면 정신적, 감정적으로 발목을 잡는 에고가 작동하지 않기 때문이다. 그래서 사랑과 평화라는 높은 의식 상태에 도달하게 된다.

에고가 작동하지 않는다는 것은 모든 괴로움과 아픔, 부정적 기반이 와해되었다는 의미다. 그래서 늘 유지하고 있는 높은 의식 수준의 사랑이 내 삶에서 만나는 모든 것에 저항하지 않으므로 고요함과 평안함으로 바라보게 되므로 자연스럽게 흘려보내게 된다. 그러면서 따라오는 것이 완전한 자유이다.

가장 먼저 변화를 느끼는 곳이 우리의 몸이다. 이전의 자아(ego)는 몸이 곧 자신이라는 무의식적 관계로 몸에 대한 타인의 태도, 인정, 겉모습에 대한 집착이 컸었다. 그래서 몸과 관련된 신념체계로 계속 프로그래밍 되었다. 몸에 좋은 것과 나쁜 것이 무엇이냐는 것에 사로잡혀서 건강식품, 부착된 라벨에 잠재적 유독 성분은 얼마나 되는지, 환경오염은 어떤지 이러한 강박 상태에 빠지게 된다.

'나다움의 나'는 두려움과 욕망, 자아(ego)에서 벗어난 상태이기 때문에 육체의 한계도 저절로 해결되기 시작한다. 그래서 더 활기찬 자유를 누리게 된다. 어떤 것이든 먹을 수 있고, 그 어디든 갈 수 있다. 왜냐하면 내가 몸이 아니고, 몸은 나의 일부분으로 인식이 바뀌게 되기 때문이다. 앞에서

의식, 무의식, 몸, 행동에 대한 순환 관계를 언급했듯이 생각과 감정, 인식이 바뀌면 몸도 그대로 따라가기 때문이다. 몸으로 자신을 한계지었던 것에서 벗어나 일상에서 자유를 누리게 되는 것이다.

빈곤과 기아, 질병, 전쟁, 죽음 열악하기 그지없는 오지로 갔던 역사적 인물들이 많다. 리빙스톤, 휴바이처, 마더 테레사, 고 이태석 신부. 우리가 기억하지 못하는 수많은 이들을 포함해 그들이 그러한 행보를 내디딜 수 있었던 것은 자신의 한계, 관계, 조건, 환경에 매이지 않는 자유가 있었기 때문이다. 물론 이러한 자유는 물리적인 철창 안에 갇혀있어도 마찬가지다. 편안함, 안락함, 명예, 에고(자아)를 초월한 그 자유가 그들을 훨훨 날아 사람들의 손길이 닿지 않은 그곳까지 가게 했던 것이다. 역시 그들 속에서 '나다움의 나'로 산다는 것이 어떤 것인지 발견하게 된다.

부에 대해서도 마찬가지다. 에고(자아)에 의한 한정적 신념체계와 부정적인 생각, 부정적인 감정을 가지고 있을 때, 돈은 걱정, 불안, 체념과 절망 또는 허영, 자부심, 오만, 질투, 부러움의 원인이 된다. 우리는 돈이 의미하는 것들을 바라볼 때, 돈에 대한 마음가짐이 어떠한지 알 수 있다. 결국 돈은 그 자체가 중요한 것이 아니라 그 이면 즉, 돈이 쓰이는 분야에서 얻게 되는 감정이 더 중요하다. 다시 말해 돈보다 중요한 것은 그 돈으로 얻고 싶어 하는 감정적 만족이다.

돈에 대한 감정적 만족은 사람마다 다르다. 어떤 사람은 돈이 존중감과 자긍심을 만족시키는 것이 될 수 있고, 어떤 사람에게는 성취감, 뿌듯함, 자부심 등 각자 다르다. 그러나 이것을 통해 알 수 있는 것은 돈 자체는 목적이 아닌 부차적인 것 즉, 수단이라는 것이다. 이렇게 감정 차원에서 돈이 주는 의미를 의식하지 못할 때 우리는 돈에 휘둘리게 된다.

수백억 부자가 계속 더 많은 돈을 모으고 또 모으려는 것처럼. 에고는 스스로를 작고 부족하게 여겨 그것을 보상하기 위해 더욱 막대한 권력과 돈, 명예를 축적해야 한다고 요구한다. 이러한 에고(ego, 자아)가 발동하기 시작하면 이기적인 마음과 함께 허영과 그릇된 자부심에 눈이 멀기 시작한다.

반면 '나다움의 나'로 살아갈 때 돈은 목표를 성취하기 위한 도구가 될 뿐이다. 그 편안한 안도감에 항상 충분하고 넉넉할 것을 안다. 어떤 것이 필요하면 필요한 것이 채워질 것이라는 느낌이 내면에 있기 때문에 돈이 불안이 아닌 기쁨의 요인이 되는 것이다. 더이상 돈에 대한 걱정이나 돈을 잔뜩 쌓아 둘 필요가 없게 된다. 그래서 돈에 대해서도 자유롭게 된다. 비전의 크기만큼, 계획한 것의 필요만큼 채워질 것을 감정으로 느끼게 된다. 그 느낌이 그 답을 자연스럽게 이끌어 오기 때문이다.

처음 캘리포니아 LA 공항에서 얼바인으로 라이드(ride) 해준 친구 외에 나는 미국에 전혀 연고가 없었다. 낯설고 생소한 그곳에서 조이 어머니를 비롯해 고 샘 한 대표, Mrs. Lee, 아프리카를 사랑하는 선교사, LA 유명 여행사 대표, 평생을 선장으로 한국 경제에 기여했던 이민 1세, 오렌지카운티 대법원 판사 등 여러 사람을 만나 내 전문분야의 일, 책과 코칭을 하면서 필요를 공급받았다.

한 분과의 프로세스가 끝나면 자연스럽게 그다음 분과 그분과의 과정을 마치면 또 그다음 분과 자연스럽게 만남이 이어지며 생활비와 학비, 교육비를 충당할 수 있었다. 미국에서의 10년은 나의 에고를 벗는 훈련의 기간이었다. 잘 먹고, 편하고, 안락함이 아닌 성장과 기여와 영향력, '나다움의 나'로 존재하기 위한 훈련의 코스였다. 그래서 우주적 섭리가 아니고서는 설명이 불가능한 기적을 경험하면서 필요를 채울 수 있었다.

현재 글로벌코칭앤코치비즈니스 역시 같은 맥락에서 이어지고 있다. 한국에 돌아왔을 때 나는 내가 코칭 펌을 설립할 것이라고는 전혀 생각해 본 적이 없었다. 그저 저항 없이 물이 흐르는 대로 흘러 여기까지 오게 되었다. 그런데 코칭 펌을 운영하면서 내 안에 이미 관련된 자원들이 많이 있다는 사실을 인식하게 되었고, 이것 역시도 에고가 아닌 '나다움의 나'로부터 흘러넘치는 영향력 때문이라는 것을 깨닫게 되었다.

이러한 '나다움의 나', 공동에서 샘솟는 영향력은 외부의 어떤 상황에도 흔들리지 않고, 어떤 사람을 만나든지 아름답고 고운 것만 보게 한다. 그래서 앞서 말한 대로 선한 영향력의 선순환을 만들게 된다. 내가 에너지를 소모해서 되는 것이 아니라 저절로 되어지는 것이다. 이것이 플로잉 리더십(Flowing Leadership)이다. 끊임없이 샘솟는 공동 즉, '나다움의 나'에서 흘러넘치는 영향력, 이것이 가장 강력한 영향력이다.

The Flowing Leadership

CHAPTER 3

넓은 의식확장을 통한 선택

CHOOSING

The Flowing Leadership

이성적 선택

상황과 환경

우리는 인생을 살면서 선택을 통해 삶의 이정표를 만들고 대나무의 마디처럼 힘을 모으기 위해 잠시 멈춰 머물기도 한다. 성장을 잠시 멈추어 힘을 모은 마디 때문에 대나무는 휘어지지 않고 하늘을 향해 곧게 뻗어 갈 수 있다. 우리의 선택도 그래야 하지 않을까? 순간순간의 선택이 곧게 잘뻗어가게 될 때, 대나무가 유익을 주듯 관계하는 이들에게 그러한 영향력을 흘려보낼 수 있다.

인생의 이러한 선택의 마디들이 바로 학교를 졸업하게 하고, 입사 및 취업을 하고, 독신 또는 결혼을 해 여기까지 오게 했다. 이러한 선택 또한 관계하는 이들에게 영향력을 흘려보내게 된다. 선택의 기로에서 이것이 정말 필요한 것인가? 때로는 깊은 생각과 고민에 빠지기도 하고, 다양한 정보들을 찾아보기도 하면서 결정을 하게 된다. 보통 이러한 이성적인 선택들은 가시적인 현실, 상황에 초점을 맞춘 결정이라 할 수 있다.

　　프로세스에 문제가 없고, 순조롭게 잘 진행되는 상황에도 불구하고 뭔지는 모르게 '이건 아니야'라는 생각이 들 때가 있다. 외모, 학벌, 경력, 수입, 집안 배경, 뭐 하나 부족함이 없고, 주변 사람들도 다 괜찮다고 하는데, 정작 본인은 뭔가 개운치 않은 느낌으로 주저할 때가 있다.

　　만약 이런 상황에서 논리와 이성적으로 전혀 문제가 없다고 결정한다면 어떤 결과를 얻게 될까? 대부분 내가 선택하는 순간에 느꼈던 감정과 동일한 결과를 얻게 될 경우가 많다. 왜냐하면 선택 역시 마음 즉, 의식과 무의식의 영향 때문이다. 생각과 감정에 의해 선택해야 하는데, 우리는 대부분의 선택을 생각(이성)에 의한 결정만을 하기 때문에 반쪽의 선택이 될 때가 많다. 혹 그런 개운치 않은 느낌이 들 때는 보이는 상황, 여건이 모두 괜찮다 할지라도 선택을 잠시 보류할 필요가 있다.

스승과 제자가 호숫가를 산책하게 되었다. 스승이 제자에게 물었다.

"호수 안에 무엇이 보이느냐?"

제자는 스승의 물음에 대답하기 위해 호수 안을 유심히 바라보았다.

"스승님, 꼬리를 흔들며 헤엄치는 물고기들과 이끼 낀 돌들이 보입니다."

"다시 바라보거라. 무엇이 보이느냐?"

스승의 말에 제자는 또다시 호수를 바라보았다.

한참을 바라보고 나서야 제자는 소리치며 대답했다.

"스승님, 호수에 비친 제 모습이 보입니다."

우리는 그 제자처럼 호수 안을 뚫어지게 보면서 정작 수면에 비친 자신의 모습을 놓치고 선택할 때가 있다.

직관적 선택

에너지장

그렇다면 선택할 때 이성적 질문과 함께 수면에 비친 자신의 모습과 같은 직관을 발휘해 선택해야 한다. 이 선택은 '정말 나 자신에게 진실을 말하고 있는가?' 이 선택의 순간 '나의 느낌은 어떤가?' '이 선택을 통해 나는 더 좋은 결과를 얻을 수 있는가?' 이렇게 자신의 내면을 반영할 때 온전한 선택을 할 수 있게 된다.

왜냐하면 인간에게는 몸과 마음만 있는 것이 아니라 생명체의 에너지장이 있다. 앞에서도 언급했듯이 그것을 오라(aura)라고 한다. 뇌과학적 측면에서 인간의 마음과 몸을 연결하는 것은 호르몬이고 이 호르몬이 세포에 전달된 다양한 정보를 지닌 세포(마음)에 의해 오라(에너지 장)의 색깔과 빛의 밝기가 결정된다. 이러한 개인의 에너지장(오라)은 관계하는 사람 사이에 흘러가며 같은 에너지장을 당기고 당겨 증폭(더 크고 강한)된 에너지장으로 자신에게 돌아온다.

평소 내가 하는 말, 생각, 감정의 모든 정보가 이 에너지장에 저장되어 그 에너지 대의 주파수로 파동하며 관계하는 사람들에게 흘러가 영향을 미치게 된다. 그래서 서로의 에너지장이 영향을 주고받으며 에너지장의 칼라와 밝기가 바뀌기도 한다. 이러한 에너지장에 의해 모든 인간은 하나로 연결되어 있다는 말을 이해할 수 있는 것 같다. 이 에너지장의 영향은 시공을 초월한다.

이렇게 파동을 타고 흘러가 같은 주파수의 에너지를 당겨 더 증폭된 것으로 돌아온 에너지장(오라)은 수많은 정보의 창고라 할 수 있다. 바로 직관이 우리가 의식하지 못하는 중에 에너지장을 통해 받는 정보이다. 그래서 이 직관은 나의 이성적 생각보다 더 깊고 웅대한 혜안을 많이 가지고 있다. 그래서 뭔지 의식할 수 없지만 우리의 감정으로 전달되는 이 직관이 오히려 더 정확한 것이다.

　　뉴욕행 비행기을 탑승한 한 중년 남성이 있었다. 세계 무역센터 8층 84번 룸(room)에서 120여 명의 세계 경제인들과 회의가 있는 날이었다. 그는 그날 회의를 주재해야 했다. 기내에서는 멀쩡했는데 비행기가 뉴욕에 착륙하자마자 갑자기 배가 심하게 아팠다. 보통 공항 내의 화장실을 사용하면 공항을 벗어나는데 배의 시간이 들기 때문에 그는 공항 내 화장실을 사용하지 않았다. 그런데 그날은 어쩔 수 없었다.

　　그는 늘 아내가 싸준 보온병의 커피를 마시곤 했는데, 그 전날 아내의 컨디션이 좋지 않아 그날 아침은 침대에 누워있는 아내에게 아침 인사를 하고 집을 나섰다. 커피를 주문하려고 했지만 줄 선 사람이 너무 많아, 탑승 시간에 지장을 줄 것 같았다. 그래서 옆에 사람의 줄이 없는 곳에서 딸기 주스를 주문했다.

　　'아침에 마신 그 주스 때문인가?' 그는 배를 움켜쥐고 종종 걸음으로 화장실로 들어갔다. 볼일을 보고 나자 배는 가라앉았다. 그런데 시계를 보니 회의 시작 시각보다 30분이 지체되었다. 오전 회의에 참석이 힘들 것 같아 미안하다는 말을 전하고 전화를 끊었다.

뉴욕공항에서 그를 기다리고 있던 전용 승용차를 타고 세계무역센터를 향해 가고 있는데, 먼발치 입구가 보이는 거리쯤에서 비행기 한 대가 바로 코앞을 스쳐 지나가는 것이 아닌가? 운전기사도 중년 남성도 심장이 멎는 것 같았다. 갑자기 굉음이 들리고 뭔가 이상한 감을 느꼈다. 관계자에게 전화를 해 지금 비행기가 코앞에서 지나가고 굉음이 들리는데, 아무 일 없느냐는 물음에 방금 화재 경보가 울려 빨리나가 봐야겠다는 대답과 함께 전화가 끊겼다.

소방차가 길을 차단해 건너편 길에 오는 차는 없었다. 일단 뭔가 심각한 일이 일어났다는 직감이 왔다. 운전기사는 놀란 가슴이 진정되지 않았는지 다리를 부들부들 떨며 운전을 하고 있었다. 일단 중앙선을 넘어서라도 차를 돌려 빨리 여기를 벗어나자고 말했다. 근데 그 길은 중앙선을 넘지 못하도록 보도블럭이 쳐 있었다. 계속 내려가 입구 쪽 맞은편에서 공사를 하느라 100미터 정도 보도블럭이 치워져 있는 곳에서 차를 돌려 전속력으로 지하도를 향해 질주했다.

첫 번째 비행기가 그의 집무실 세계무역센터 7층 77번 룸을 치고 나갔고, 그가 코앞에서 본 그 비행기는 두 번째 세계무역센터를 치려고 날아가고 있는 비행기였다. 30분을 지체하지 않았다면 그 역시 911 테러(2001년 9월 11일) 희생자가 되었을 것이다. 그가 바로 당시 세계무역센터 부총재를 맡고 있던 이희돈 박사다(2020년 9월 소천).[6]

갑자기 배가 아파서 공항 내 화장실에서 지체한 30분이 그 참사를 모면하게 했다. 그는 의식하지 못하고 있었지만 이미 무의식의 직관이 그의 몸에 먼저 반응한 것이다. 그래서 배가 아프게 되었고, 세계무역센터에 가까이 갈수록 그가 느꼈던 직감을 통해 차를 돌릴 수 있었다.

그때까지 라디오에서 그 어떤 보도도 없었다. 공식 채널에서 아무 보도가 없다고, 자신의 감을 무시하고 그 건물 안으로 들어갔다면 어떻게 되었을까? 우리는 이렇게 어떤 사안에 대해 객관적인 사실 외에 반드시 직관을 반영해 선택을 해야 한다. 왜냐하면 앞에서 설명했듯이 직관이 더 정확한 정보를 가지고 있기 때문이다.

우리는 보통 행동의 선택이 생각에 달려 있다고 본다. 그러나 그 생각의 선택에 영향을 주는 것은 바로 감정이다. 다시 말해 나의 능력과 재능이 행동으로 잘 들어날지, 위축된 행동이 될지 감정이 결정하는 것이다. 앞에서도 언급했듯이 감정을 억제한다고 해서 그것이 사라지는 것이 아니다. 그 감정은 외적인 사건에 의한 것이 아니라 그 사건을 대하는 자신의 반응에 의해 결정된다는 사실이다. 그것을 그냥 인정하며 바라봐 주면 된다고 이야기했다.

또한 내면의 부정적 감정들은 선택에 영향을 미치게 되고, 직관적 선택이 온전한 결정의 역할을 하기 위해 인간관계에 치명타를 주는 부정적인 감정에 대해 좀 더 이야기할 필요가 있다. 나는 그간 대인관계와 코칭의 경험을 통해 수많은 사람을 만나며 깨닫게 된 것이 있다. 바로 대인관계에 있어 부정적인 감정 중 간과할 수 없는 것이 '부러움'의 감정이다.

대부분의 사람들이 느끼는 불안한 감정은 자신과 관계 하는 사람들이 자신보다 앞서가는 것에 대한 심리적 역동인 경우가 많았다. 타인의 성취에 대한 부러움을 넘어서 그들을 보면서 자신이 무능하고 부족하다는 느낌을 갖는 데 있다. 자신을 무능하다고 느끼게 하는 고통이 부러움을 갖게 한 상대에게 분개하며 무엇인가를 시도해 보려고 하지만 뜻대로 되지는 않는다. 이러한 감정이 오가며 점점 더 불만과 불행을 느끼게 되고 자신도 모르게 그 상대와 멀어지게 된다. 그러면서 결국 먹는 것, 자는 것, 마약, 술로 도피처를 삼기도 한다.

예를 들면 다른 사람과 경쟁하기 위해 달리는 사람은 뒤지지 않고 결승전을 코앞에 두고도 심한 경쟁심이 다른 주자에게 눈을 돌리게 해 결승선에서 눈을 떼는 순간 간발의 차이로 지게 된다. 그러나 승리한 사람은 달리는 자체에 몰입돼 다른 주자와의 비교는 아예 없다. 오로지 달리는 것에만 최선을 다해 그 간발의 차이에서 승리하게 된다.

결국 성공을 발목 잡는 것은 외부의 환경 조건보다는 내면에 깔린 성공을 막고 있는 감정이란 사실을 알 수 있다. 경쟁심, 불안감, 무력감, 인정 욕구 등 내면에 있는 이러한 감정들이 행동에 영향을 미쳐 성취와 성공을 막고 있는 것이다. 이렇게 부정적 감정이 행복과 성공에 어려움을 주는지 안다면 그것을 놓아 버릴 수 있지 않을까? 그렇게 놓아버리면 타인에 대한 부러움도 사라지게 된다.

그러면 남들과 비교하지 않고 자신의 일을 사랑하며 즐길 뿐만 아니라 부러움이 없는 마음은 타인의 성공도 즐길 수 있게 해준다. 그러다 보면 어느새 긍정적 감정들을 더 느끼게 된다. 그러한 긍정적 감정은 에너지를 업(up) 시켜준다. 그래서 어떤 상황과 문제 앞에서도 할 수 있다는 자신감이 생기게 된다. 그간 억압된 부정적 감정에 완전히 가려져 있던 긍정적 감정이 드러나면서 그것에 따른 재능, 강점, 탁월성 등이 저절로 풀려나게 된다. 마치 먹구름에 가려진 태양처럼 그것이 거치면 밝은 빛을 다시 볼 수 있는 것과 같다.

보통 무언가를 결정하려고 할 때 우리의 마음 상태는 몇 가지 경우의 수를 갖게 된다. 첫 번째는 상황에 집중할 수 없어 그 어떤 선택도 할 수 없는 무기력 상태다. '몰라' '확신이 없어' '난 못해' 이러한 생각이 꼬리를 물며 불투명한 렌즈로 상황을 투명하게 볼 수 없게 한다. 두 번째는 뭔가 할 수 있는 활력이 있는 상태다. 나름 무기력한 상태보다는 좀 더 무언가에 집중할 수 있는 에너지가 있지만 때론 부정적 감정에 휘말리기도 한다.

그런 긍정적인 감정과 부정적인 감정이 오갈 때마다 강박적 또는 충동적으로 선택을 하게 된다. 그런 선택은 자기중심적인 동기가 강하기 때문에 자신에게는 유익할지 몰라도 상대는 그와 반대의 결과를 얻게 된다. 결코 윈윈의 선택이 될 수 없다. 동기가 오로지 자신에게 집중된 자기중심적이기 때문이다. 그래서 다른 사람이나 상식선을 지키려는 마음과는 거리가 멀다. 당연히 그러한 내면의 상태에서는 탁월한 선택을 기대할 수 없게 된다.

세 번째는 내면이 고요하고 평화로운 상태다. 최적의 에너지 상태라고 할 수 있다. 사랑과 용기, 수용과 같은 감정에 기초하기 때문이다. 이러한 상태는 에고의 반응이 없는 순수하고 긍정적이어서 그 어떤 내적 방해 없이 주어진 상황에 집중해 그것과 관련된 모든 상황을 볼 수 있게 해준다. 이런 내면의 평안은 문제에 대한 온전한 답을 찾게 해준다. 왜냐하면 불안과 걱정 없이 의사소통과 집중력이 잘 발휘돼 자신뿐만 아닌 모두가 윈윈할 수 있는 선택을 할 수 있게 하기 때문이다.

LA는 같은 지역일지라도 거리의 구획에 따라 생활 수준의 편차가 아주 크다. LA의 베버리힐에는 명품관이 많고 고가의 물건을 파는 상점이 즐비하다. 거기에 가면 영화배우, 유명 인사들을 간간이 만날 수 있다. 스위스에서 제작된 고가의 시계를 판매하는 유명회사의 영업점(shop)에서 근무하는 매니저를 코칭 했을 때다.

비영리단체에서 코칭을 할 때 알게 된 지인, 그녀의 언니를 통해 소개를 받게 되었다. 40대 중반의 싱글 여성이었다. 신입사원 교육을 전담했고 고객이 영업점 문을 열고 들어오는 순간부터 고가의 시계가 고객의 손목에 채워지기까지 모든 프로세스를 매뉴얼로 정리해 교육할 정도로 현장 경험이 풍부했다.

여러 명의 직원이 있었지만 그 영업점의 매출의 반 이상을 그녀의 고객이 올려주고 있었다. 그렇게 성과를 내며 탁월하게 일을 하고 있었는데 어느 순간부터 성과를 내지 못하는 시기에 나를 만나게 되었다. 본인 스스로도 자신의 그런 모습이 이해가 되지 않는다고 말했다. 계속 그녀의 내면을 탐색하면서 이전에 느끼지 못했던 부정적인 감정에 대해 대화를 하게 되었고, 그 감정에 방아쇠를 당긴 외적 요인을 역으로 탐색하며 알게 된 사실이 있었다.

그녀가 다니는 회사는 싱가폴에 본사가 있다. 3년에 한 번 세계에 흩어져있는 브랜치 영업점에서 실적이 최고 좋은 직원을 선정해 스위스에서 열리는 포럼에 참여할 수 있는 비행기 표와 숙식 제공은 물론 포럼 참여 후 유럽을 여행할 수 있는 일체의 경비를 지급하는 포상제도가 있었다. 문제는 그녀가 그 영업점에서 당연히 일 순위의 후보였음에도 불구하고 그 포상에서 3차례나 제외된 상태였다. 횟수로는 9년의 기간이었다.

그녀의 보스는 히스패닉 아메리칸이었는데 이런저런 구실만을 대고 그녀가 납득할 만한 설명을 하지 않았다. 처음에는 '그럴 수도 있지 뭐.' 넘어갔지만 점점 그녀의 기대가 무너지면서 3번째의 결과에는 좌절과 분노가 일어나기 시작했다.

그녀는 자신의 직업에 프로의식을 가지고 일을 했고 늘 고객들의 인정에 뿌듯한 마음이 있었다. 이성으로는 '그

것이 뭐라고'하며 아무렇지도 안은 채 일을 하고 있었지만 포상을 받지 못한 좌절감과 보스에 대한 분노가 관계와 업무에 이전처럼 시너지를 주지 못하게 된 상태였다. 코칭 대화를 하면서 한 사건을 통해 그녀가 고객을 대하는 태도가 이전과 달라졌다는 것도 인식하게 되었다.

이성적으로는 아니었지만 보스의 부당한 대우에 그녀의 내면의 억압된 분노의 감정은 함께 일하는 직원들에게도 이전과 달리 별일 아닌 작은 사안에도 센 강도로 반응하게 되어 스태프들과의 관계도 이전과 같지 않게 되었다. 후배들은 늘 세일즈의 노하우를 지도받으며 그녀를 존경하며 따랐는데….

부당한 대우를 받는다는 분노의 감정이 점차 보스와 거리를 두게 했고, 설상가상으로 실적이 낮아진 그녀를 보스는 사정없이 몰아부쳤다. 일단 그녀는 그간 전문적인 직업의식에 가리워져 보지 못했던 자신을 코칭 대화를 통해 매출의 실적이 현저하게 떨어진 원인을 알게 되었다.

다시 이전과 같은 상냥함과 자신감과 기쁨을 되찾을

수 있는 긍정적 감정을 갖기 위해 무엇을 해야 할지 생각하게 되었다. 최대한 본인의 고객이 그 영업점을 떠나지 않도록 가장 탁월한 후배 직원에게 인수인계를 했고, 자신의 보스가 다치지 않도록 최대한 극비로 본사와 소통해 결국 뉴욕 지사로 발령을 받아 현재 이전의 실적을 올리며 행복하게 일하고 있다.

성과와 실적에 있어 인간의 내면은 이토록 중요하다. 아무리 최고의 학벌, 그 분야의 탁월한 노하우와 실적이 있다 할지라도 순간 내면이 부정적인 감정에 휘말리게 되면 그 모든 외적 요소는 힘을 잃게 된다. 그 감정이 몸에 영향력을 미쳐 이전과는 다른 행동을 하게 하기 때문이다. 그렇기 때문에 그 무엇보다도 인간의 내면이 중요하다. 적어도 영향력을 발휘하는 리더라면 팀원의 외적 상황과 함께 그들의 내면의 감정을 만나주고 공감할 수 있어야 하지 않을까?

팀프로젝트의 성과 업(up), 목표 달성은 그 일에 관련된 시스템, 프로세스의 여러 여건도 간과할 수 없지만, 아무리 그 모든 것이 갖춰졌다 해도 그 일을 담당하는 사람이 더 중요한 이유가 여기에 있다. 특히 요즘처럼 모든 것이 급박하게 돌아가지만, 확실한 것은 보이지 않고, 모호한 상황에서는 더욱 내적 요인이 중요하다. 그렇기 때문에 내면으로부터 흘러넘치는 플로잉 리더십(Flowing Leadership)이 절실하다.

최적의 선택

존재의 결정

그렇다면 어떻게 하면 이러한 평화로운 내적 상태를 유지하며 최적의 선택을 할 수 있을까? '나다움의 나' 자신의 존재로 살아가는 것이 가장 최선이지만, 우리의 삶의 현장은 그렇듯 존재의 가치를 누리며 살기에는 열악한 환경이라는 것을 누구보다 잘 알고 있다. 그 이유는 두 번째 챕터에서 이미 이야기한 바 있다.

일단 자신 앞에 맞닥뜨린 사건, 상황, 사람, 일 그 모든 것에 저항하지 않는 것이 무엇보다 중요하다. 왜냐하면 저항은 부정적 감정을 불러오기 때문이다. 현재의 사건(Fact)에

과거, 미래의 추측, 해석, 필터링을 내려놓고 내 앞에 펼쳐진 상황을 '오 왔구나!' 거기에 그 어떤 생각과 감정으로 기름을 붓지 않아야 한다. 거기에 저항하고 부정하고 생각에 생각을 심는 순간 두려움, 분노, 원망, 절망, 좌절감, 우울감 등 이러한 부정적인 감정이 올라오면서 내적 갈등(의식과 무의식의 충돌)이 시작된다.

그 갈등은 몸에 영향을 주어 원하는 행동이 아닌 다른 행동의 결과를 얻게 한다. 부정적 생각으로 과거와 미래를 오가며 많은 에너지가 소모되어, 진짜 해결해야 하는 것에 쏟을 에너지는 이미 바닥이 난 상태다. 다시 말해 에너지원인 긍정적 감정을 가린 먹구름이 내면에 가득 차게 되면 거기에서는 그 어떤 해결책도 대안도 답도 찾을 수 없다.

그러므로 그 어느 순간이든 내게 맞닥뜨린 것들을 저항 없이 바라보게 되면 요동하지 않은 내면의 고요함이 잠수함처럼 내면의 심연으로 점점 들어가 잠재된 능력을 찾아가게 한다. 그 순간 이전에 생각지 못했던 아이디어와 지혜가 솟아나게 된다.

미국에서 10년을 살면서 내 앞에 닥친 수많은 사건, 상황들은 태풍을 맞은 성난 파도와 같았다. 그 속에서도 내가 항해의 키를 돌리지 않을 수 있었던 것은 이런 과정들이 있었기 때문이다. 또한 이러한 어려움을 겪는 고객을 만나 코칭을 하며 얻게 된 현장의 경험이기도 하다.

내면의 고요함이 잠수함이 되어 잠재된 능력을 만나는 일들이 계속 반복될 때 어느 순간 '나다움의 나'로 살고 있는 자신을 발견하게 된다. 내 인생에 가장 힘들었던 그 고난을 감히 '상(reward)'이라고 말할 수 있는 것은 바로 그 고난의 시간들이 '나다움의 나', 존재로 살며 진정한 행복을 누리는 가치 즉, 끊임없이 샘솟는 영향력의 근원을 찾게 해주었기 때문이다.

이 땅에 존재하는 인간 내면의 그 오리지널 속에 가장 강력함이 있다는 사실이다. 나는 온몸과 마음으로 깨지고 부딪치며 깨닫게 된 이 영향력을 내면으로부터 흘러넘치는 '플로잉 리더십(Flowing Leadership)'으로 표현하는 것이다.

더불어 급박한 상황에서 나의 감정을 긍정의 에너

지로 순간순간 바꿀 수 있었던 것은 EFT(Emotional Freedom Techniques; 감정자유기법), 센터링, 이미지 힐링(Visualization)의 코칭 기법들을 적용했기 때문이었다. 정말 많은 도움이 됐었다. 이러한 혜택은 나와 코칭을 했던 고객들에게도 자연스럽게 흘러갔다. 이런 실제적인 내용에 대해서는 다음 챕터에서 더 자세히 이야기할 예정이다.

지금 생각해 보면 나는 한국에서 코칭을 배울 때보다 미국에서 생활하면서 그 코칭의 위력을 더 많이 경험하게 되었다. 리더십 강의와 코칭의 모든 세션을 마친 후 늘 듣는 고객들의 피드백이 있다.

"코치님의 강의는 뭔가 달라요. 강력한 힘이 있어요."

"코칭의 순간 뭔가 다른 에너지를 느껴요."

미국에서 코칭의 위력을 수없이 경험하면서 내가 의식하기 전 내 무의식이 몸으로 반응해 얻게 된 결과라고 생각한다. 앞에서 이야기한 이러한 이유로 요동치지 않는 내적 평안의 평정심이 최적의 선택을 하게 한다는 사실이다.

미국에 간지 1년 반 만에 H1 비자를 받았고, 4년 만에 그린카드를 받았다. 학생 신분이 아니었기 때문에 학업을 지속할 이유는 없었다. 랭귀지스쿨 상위과정을 다 마치고, 신분이 해결되었기 때문에 굳이 비싼 돈을 지불하며 랭귀지스쿨에 등록할 필요가 없었다. 그러나 내가 미국에 간 분명한 이유가 있었기 때문에 스케줄이 맞는 어덜트스쿨(Adult School)과 City College ELS 코스에 등록해 저렴한 비용으로 영어공부를 계속했다.

아들이 대학에 진학해 공부할 때, 그린카드(영주권)가 있었기 때문에 시민권자와 거의 똑같은 혜택을 받아서 학비는 전혀 문제가 되지 않았다. 그런데 책값이 엄청 비쌌다. 보통 하드커버에 올 컬러, 200-300페이지, 판형은 46배판(토플책 크기)의 두꺼운 책들이 대부분이어서 책값만 어느 때는 300~400불(거의 한 달 생활비, 한화 5십만원 이상)정도 들 때도 있었다.

마트에 가면 스파게티와 그 소스가 가장 저렴했기 때문에 매끼를 지겹도록 스파게티로 때우며 생활하기도 했다. 급기야 현금(Cash)이 바닥이 난 날, 다음날 수업을 듣기 위해 책을 사야만 할 때는 손가락에 낀 반지를 빼야 했다. 그러한 상황에서 나 자신이 대학원에 입학한다는 선택은 그리 쉬운 일이 아니었다.

대학원에 진학하지 않으면 그 돈으로 아들에게 더 좋은 음식을 해줄 수 있고, 낡은 운동화를 새 구두로 바꿔줄 수 있는데. 고등학교 내내 용돈 한번 제대로 못 준 아들에게 용돈도 제대로 줄 수 있는데. 그 당시 수입으로 엄두가 나지 않았다. 상황은 절대 아닌데 내 마음은 벌써 입학원서를 낸 상태였다.

그때 나의 선택은 직관에 귀를 기울였다. 그렇게 해서 선택한 학교가 미 중부의 캔자스 시티(Kansas City) 미주리(Missouri) 주에 있는 Midwestern Theological Seminary였다. 보통 학기가 시작되면 읽기 과제는 학기 중 웹사이트에서 제출하고 캠퍼스 수업이 일주일가량 진행된다. 학기마다 캘리포니아에서 비행기를 타고 캔자스 시티로 날아가 일주일을 기숙사에 머물며 공부를 한 후 학기말 시험으로 소논문을 제출하면 한 학기가 마무리 되었다.

놀라운 사실은 그렇게 시작한 대학원 학비가 충당되기 시작했다. 두 번째 영주권 스폰서가 되어준 곳에서 함께 일을 했던 분이었다. 당시 그분 역시 학생비자로 파사디나에 있는 선교학으로 유명한 대학원에서 석사 과정을 하고 계신 분이었다. 함께 일하며 사무실에서 이런저런 대화를 하는 중에 서로의 배경과 처지를 잘 알게 되었다.

그곳을 떠난 지 꽤 오랜 시간이 지난 상태였다. 전화를 받으니 정말 놀랍고 너무 반가웠다. 자신의 지인 중에 한국으로 급히 돌아가야 할 상황이 생겨 더 이상 논문 쓰는 것을 미룰 수 없어 이번 학기에 마무리를 해야 하는데 수산나(Susanna, 내 영어 이름)가 생각이 나서 연락을 했다고. 나는 당연히 하겠다고 이야기를 했고, 대학원에 진학하면서 다시 사이드 잡(side job)을 갖게 됐다.

석사 논문(M.A.와 Th.M.) 2권과 박사 논문(Ph.D.) 2권, 논문 쓰는 일을 서포트하며 학비를 벌 수 있었다. 7권의 책 쓰는 일을 코칭했던 사이드 잡 외에 대학원을 진학하면서 한 분의 논문 쓰는 일을 서포트 하고 나면 그다음 계속 연줄연줄 일거리가 들어 왔다. 나는 지금도 내가 경험한 이 사실을 '우주적 섭리의 혜택'이라는 것 외에 그 어떤 말로 설명할 수가 없다.

아들이 중학교 1~2학년 때까지만 해도 내가 과제를 도와줬지만, 중학교 4년을 지나 고등학교 1학년이 되자 아들은 유창한 영어 실력을 장착해 갔다. 똑같은 시기에 영어문화권을 접했는데 영어 실력에 있어서는 아들의 급성장을 따라갈 수 없었다. 물론 나 역시 영어공부를 놓지 않았었다. 내가 원하는 유창한 영어 스피치는 영어를 번역했던 것과는 매우 다른 차원의 영역이라는 사실을 깨닫게 되었다.

3년 동안 랭귀지스쿨를 다녔지만 나는 아들처럼 자신의 의견을 주저함 없이 표현하지 못했다. 사실 랭귀지스쿨에서 주로 배운 것은 한국에서 배웠던 문법을 원어민의 영어로 배운 것에 불과했다. 시험을 쳐서 다음 단계로 올라갈 수 있었지만, 막상 생활 현장에서 원어민과 만나 대화를 해야 하는 순간에는 표현하려는 문장이 뒤죽박죽되었다. 오히려 이메일을 쓸 때는 주어 동사 보어 또는 직접 목적어 간접 목적어가 눈으로 보여 영어로 문장을 쓰는 데 지장이 없었다. 근데 그것을 말로 하려면 구조가 뒤죽박죽이 되는 이유를 처음에는 몰랐다.

아들과 나를 비교하며 터득한 사실은 아들은 배운 영

어를 끊임없이 영어권에서 반복적으로 사용했고, 나는 배운 영어를 현장에서 사용할 수 없는 한어권의 생활 반경이 80퍼센트 이상이었다. 뇌과학자들에 의하면 원어민이 영어로 말할 때 자극받는 뇌의 지점과 영어를 제2외국어로 사용하는 사람의 자극 받는 뇌의 지점이 다르다고 말한다.

보통 우리의 기억에는 2가지가 있다. 외현기억(explicit memory)과 암묵적 기억(implict memory)이다. 외현기억은 어떤 특정 사건이 개인의 의식에 있는 기억 즉, 의미와 개념을 기억하는 것을 뜻한다. 예를 들면 문법, 역사, 수학, 법학과 같은 과목을 기억하는 것이 이에 해당한다. 반면 암묵적 기억은 과거 경험에 대한 의식적 자각 없이 현재 상태에 영향을 주는 기억이다.

다시 말해 본인이 기억을 활용하고 있다는 사실을 전혀 인지하지 못하는 기억(무의식에 쌓인 기억)이다. 예를 들면, 수영, 자전거 타기, 자동차 운전, 각종 운동이 이에 속한다. 쉽게 설명하자면 이론이 아닌 직접 몸으로 경험해서 익히는 기억이라고 할 수 있다. 바로 영어 스피치는 외현기억이 아닌 암묵적 기억이기 때문에 반복 반복을 통해 무의식에 계속 심는 과정에 의해 장착되는 것이었다.

그래서 그 이후 모든 랭귀지 관련 코스를 끊었다. 그리고 그간 배운 내용을 정리해 계속 반복적으로 암기하기 시작했고, 일부러 원어민들이 다니는 마트를 선호해 배운 내용을 실습했다. 길에서 만나는 사람들에게 도움이 필요하다고 판단되면 내가 먼저 달려가 말을 걸며 도와주었다. 그리고 없는 시간을 쪼개 영어만을 써야 하는 커뮤니티에서 봉사 활동도 했다.

그렇게 해서 생활 영어는 어느 정도 장착되었지만 내 전문분야의 강의와 코칭을 유창하게 영어로 말하는 실력에는 아직 도달 전이다. 그래서 지금도 새벽에 일어나 1시간씩 A4 용지 한 장에 영어로 만든 리더십 강의 내용을 반복하고 반복해 그것을 보지 않고 말할 수 있을 때까지 나의 무의식에 계속 심고 있다.

이러한 모든 선택은 머리로만이 아닌 내면의 직관이 함께 존중된 선택들이었다. 아무리 외적 상황이 다 갖추어졌다 할지라도 일단 내면에서 느낌이나 감정이 긍정적이지 않을 때는 내적으로 클리어한 감정이 올 때까지 선택을 미루고 기다렸다.

눈으로 보기에는 아닌 것 같은 상황에서도 내면에서 자신에게 진실 되고, 평안한 느낌이 있을 때는 주저하지 않고 선택했다. 그러한 선택은 앞에서 이야기한 대로 이성으로는 도저히 설명할 수 없는 기적과 같은 경험의 연속이었다.

이처럼 플로잉 리더십의 진수는 '나다움의 나' 즉, 존재 자체에서 샘솟는 잠재능력(power)을 의미한다. 그 진정한 존재가 행복을 느끼는 것이 그 존재의 가치이다. 그래서 '나다움의 나'에 닻을 내린 사람은 존재가치대로 행복을 느끼며 살게 된다.

왜냐하면 '나다움의 나' 진정한 존재가 내면의 무한히 잠재된 능력을 끊임없이 샘솟게 하는 근원이기 때문이다. 그런데 그 '나다움의 나'의 존재를 만나기까지 때론 고난과 역경과 싸우며 처절히 에고의 허물을 벗어야만 한다. 왜냐하면 에고는 조각된 착각된 나, 착각된 행복을 추구하게 하기 때문이다.

이러한 에고에 휘말리지 않기 위해 내 앞에 닥치는 사건, 상황, 사람, 일 등 모든 것을 저항 없이 그저 인정하며 흘려보낼 때, 내면은 요동치지 않게 되고, 그러한 고요함이 진정한 나를 찾아가 만나게 되면, 끊임없이 샘솟는 잠재능력의 내적 충만으로 그 영향력이 저절로 흘러넘치게 된다.

그러한 영향력은 자신뿐만 아닌 다른 사람의 존재가치를 보게 하므로 개인이든 조직이든 공동체든 관계의 선순환을 일으키게 된다. 왜냐하면 부정적인 감정에 소진되었던 에너지를 긍정적이고 더 좋은 쪽으로 사용할 수 있는 에너지가 비축되기 때문이다. 그래서 이전에는 어렵고 힘들었던 것들을 여유롭고 가뿐히 해낼 수 있게 된다.

이러한 내면으로부터 흘러넘치는 리더십은 어느 한순간만이 아닌 불확실한 현실에서도 모호한 미래에서도, 변화무쌍한 위기 앞에서도 흔들림 없이 발휘되는 영향력이다. 미국에서 10년 동안 내게 맞닥뜨린 모든 관계, 사건, 상황을 극복할 수 있었던 것은 바로 플로잉 리더십의 영향력이었다. 그렇다면 이러한 플로잉 리더십이 이론이 아닌 삶에서 잘 발휘되기 위해 필요한 것은 무엇일까? 건강한 마음과 몸, 그것에 필요한 방법에 대해 살펴보려고 한다.

The Flowing Leadership

CHAPTER 4

리드미컬한 삶

LIVING

The Flowing Leadership

에 너 지

파동

지금 기억으로는 2014년 즈음인 것 같다. 우연히 뉴스 채널을 돌리는 중 아시안 게임 최초 금메달을 획득한 리듬 체조 선수의 경기를 보게 되었다. 몸과 리본이 일체가 되어 균형 잡힌 리듬감으로 공이 바운스 되듯 점핑하는 모습은 보는 이의 마음을 절로 춤추게 했다. 특히 리듬체조 선수의 유연한 몸매가 선을 드러내며 원을 그리는 리본 사이를 통과할 때 아름다운 예술 작품이란 생각이 들 정도였다. 최적의 에너지가 유연한 동작에 막힘 없이 흐르고 있음을 느낄 수 있었다.

우리의 인생 역시 몸의 에너지 대에 따라 리드미컬한 삶을 살 수 있다. 에너지장 촬영장치인 키를리안 사진기(Kirkian camera)에 분노한 사람의 에너지장은 탁한 붉은 색으로 찍히고 평화로운 사람의 에너지장은 녹색으로 찍혔다. 보통 사랑, 평화, 기쁨, 행복의 감정은 에너지장 색깔도 선명하고 밝으며, 에너지 대의 룩스도 높게 나타난다. 그와 반대로 미움, 슬픔, 수치심, 좌절, 절망, 외로움의 감정은 에너지장의 룩스도 떨어뜨리고 에너지장의 색깔 역시 탁하고 흐리게 나타난다.

다시 말하면 몸에 최적의 에너지가 흐를 때 면역체계가 되고, 최하의 에너지가 흐를 때 스트레스 체계가 된다는 것이다. 여기서 최적의 에너지 대는 긍정적 감정을 의미하고 최하의 에너지 대는 부정적 감정의 상태를 의미한다. <Life Energy>의 저자 존 다이아몬드(John Diamond) 박사는 관용, 행복감, 사랑, 미래에 대한 믿음, 성적인 지조, 자존감, 관대함, 이완, 사랑, 용서, 만족감, 가벼움, 기쁨, 평화, 조화와 같은 긍정적 감정은 에너지를 유연하게 흘려보낸다고 했다.

반면 편협함, 불행감, 격노, 미래에 대한 걱정, 성적인 우유부단, 죄책감, 질투, 후회, 한탄, 화, 실망, 혐오, 탐욕, 무거움, 우울, 슬픔, 서러움, 조바심과 같은 부정적 감정은 에너지의 흐름을 방해해 경락과 경혈점을 막히게 해 질병을 유발한다고 말했다. 그러므로 낙관적인 사람이 더 건강하고 긍정적인 마음을 가진 환자가 심각한 병에서 치유된 확률이 훨씬 많다는 연구보고가 수없이 쏟아져 나왔다.

EFT

　나는 미국에서 의료혜택을 받을 수 없었던 시기에 스스로 면역체계를 만들어 건강을 유지할 수밖에 없었다. 다행히 코칭을 통해 접했던 이미지 힐링법(Imagery) 특히 EFT(Emotional Freedom Techniques)는 미국 체류 10년 동안 병원을 거의 가지 않게 했던 나의 주치의였다. 아침, 저녁으로 나의 건강한 최적의 상태를 이미지로 상상하며 센터링을 했고, 출근한 어느 날, 수면 부족이 계속돼 심한 피로로 집중이 흐려질 때 사람들이 눈에 띄지 않는 곳에서 EFT(해결하고 싶은 증상을 말로 표현하면서 경락의 강혈점을 두드려 모든 심리적 문제와 육체적 문제를 해결하는 기법)를 실행했다.

한 연구에 의하면 무거운 역기를 드는 상상을 하면 가벼운 역기를 드는 상상을 할 때보다 뇌와 근육이 더 자극을 받는다는 사실이 밝혀졌다. 한 대학의 연구진들은 30명의 지원자들에게 다양한 무게의 역기를 드는 것을 상상하게 했다. fMRI 촬영을 통하여 무거운 역기를 드는 상상을 하면 가벼운 역기를 드는 상상을 할 때보다 뇌가 더 활성화 되었다. 뇌가 이미지 상상(생각)에 자극되고 자극받은 뇌가 근육을 자극한다는 사실이 이미 과학적으로 증명된 바 있다.

　　나는 늘 긍정적인 생각과 마음의 여유를 갖기 위해 일주일에 두 번 레이시 팍을 걸으며 자연을 벗 삼았고, 피로와 부족한 영양공급으로 컨디션이 바닥을 칠 때, 도저히 운전조차 할 수 없는 순간, 차를 갓길에 세워 놓고 수용확언을 말하며 EFT를 실천했다. 신기하게도 그때마다 정상 컨디션을 찾았다. 왼쪽 눈 흰자위에 빨간 핏줄이 뭉쳐 있을 때도 EFT를 통해 깨끗해진 것을 체험했다. 몸에 이상이 있을 때마다 약을 먹지 않고 치유를 경험하곤 했다.

　　그린카드를 받고 의료보험 혜택을 받을 때도 1년에 두 번 건강검진을 위해 병원에 갔었지만 몸이 아파서 간 기억은 없다. 나는 지금도 약을 거의 먹지 않는다. 몸의 부위에 통증을 느끼게 되면 그 이유를 알아차려 그 근본 원인을 제거하기 때문이다. 이러한 이유 때문인지 아직 성인병을 모르고 살고 있다.

이러한 경험들을 통해 마음, 특히 무의식의 감정이 몸에 큰 영향을 미치고, 몸의 질병은 내면의 상태와 밀접한 관계가 있다는 것을 깨닫게 되었다. 사람들이 몸이 아파 병원에 갔지만, 원인을 찾지 못할 때 주로 스트레스성이란 진단을 받게 되는데 그것은 내면의 심리적 상태에서 비롯된 것이라고 개리 크레이그(Gary Craig: EFT의 창시자)는 말했다. 미국에서의 나의 이러한 체험은 그의 임상적 연구를 증명해 준 셈이다.

한 번은 병원에 가면 이상은 없다고 하는데, 외출하고 돌아오면 아무 것도 못하고 누워있어야 하는 고객을 만났다. 책을 읽거나 컴퓨터를 할 때도 20분 이상을 집중할 수 없었고, 몸을 조금만 움직이고 난 후에는 바로 침대에 누워야만 했다. 밥하고 청소하는 일조차 버거운 상태였다. 내면의 탐색을 통해 자신에게 늘 버팀목이 되어 주셨던 아버지의 갑작스런 죽음으로 인한 큰 상실감이 그녀를 무기력하게 만들었고 그러한 무의식의 감정이 그녀의 몸에 영향력을 미친 것이었다.

그러한 상황에서 벗어나고 싶었지만, 의식되지 못했던 이러한 감정들을 그녀 혼자서는 알 수 없었다. 그러한 자신을 깨닫게 된 그녀는 EFT 실행을 통해 그녀 역시 나와 같은 효과를 경험했다. 이민 1세 또는 2세로 어렵지 않게 사는 사람도 있지만, LA에서 내가 만난 대부분의 사람들은 얼바인에서 생활하는 사람들과는 달리 신분과 힘겨운 생활고와 씨름하며 버텨야 하는 분들이었다. 그런 분들에게 이러한 코칭은 참으로 큰 위로와 도움이 되었다.

이와 같이 질병을 치유하는 데 있어도 내면의 상태는 매우 중요하다. 바꿔 말하면 우리가 '나다움의 나'로 끊임없이 샘솟는 무한한 잠재력이 행복한 긍정의 감정을 흘려보내기 때문에 건강한 몸에도 선한 영향력을 미치게 된다. 이렇게 무한히 흘러넘치는 긍정적 감정은 무의식을 긍정의 에너지로 흐르게 하여 몸에 영향을 주고 그러한 몸에 영향을 받은 행동은 최적의 결과를 낼 수밖에 없다.

NLP

　논문 서포트 일을 할 때 마음 관련된 자료들을 정리하면서 나는 'NLP(Neuro-Linguistic Programming), 신경 언어 프로그래밍'을 처음 접하게 되었다. 지금은 한국에 코칭의 영역으로 NPL 프로그램이 많이 개설돼 진행되고 있지만, 2000년 초 내가 한국에서 코칭을 배울 때는 NLP라는 정식 용어로 코칭 클래스는 없었다.

　NLP의 방법은 수백 가지가 되지만 신체 부위 어느 한 지점에 가장 최적의 감정의 상태를 앵커링 해 이전에 안 좋은 습관이나 기억, 심리적 장애를 최적의 상태로 전환하는 원리이라고 나름 정리하게 되었다. 그래서 행복과 성취와 성공을 위한 심리전략의 한 프로그램이란 생각이 들었다.

　미국에 있을 당시 한국의 모 연구소에서 진행하는 프로그램을 인터넷으로 공부하게 되었다. 나중에 알게 되었지만 내게 큰 효과를 준 EFT의 개념이 NLP와 TFT(Thought Field Therapy)에서 비롯되었다는 사실도 알게 되었다.

중요한 것은 적어도 나의 경험에 있어 이러한 방법들이 현장에서 즉시 효과를 내 '나다움의 나'로 강력한 영향력을 흘려보내는 플로잉 리더십에 큰 도움이 되었다. 이러한 좋은 것을 나 혼자만 누리기보다는 많은 분이 인식하고 적용해 함께 즐겁고 행복한 삶을 살기를 간절히 바라는 마음이다.

이 땅에 사는 사람은 사회적 동물이기 때문에 관계를 벗어나 혼자 살 수 없는 존재라고 앞에서도 언급한 바 있다. 그래서 인간은 관계를 통해 서로에게 영향력을 주고받을 수밖에 없다. 그 관계의 영향력이 인간을 하나로 연결되게 하기 때문에 나 한 사람의 이러한 선한 영향력은 도미노처럼 지구 전체에 영향력을 미치게 된다. 심리학자 칼 융은 이러한 인간의 연결을 집단 무의식(collective unconscious)으로 표현했다.

개인의 무의식이 함께 관계하는 사람들에게 영향을 미칠 수밖에 없다는 말이다. 그러므로 끊임없이 샘솟는 내면의 무한히 잠재된 능력을 흘려보내는 근원 '나다움의 나'에서 나오는 플로잉 리더십은 존재가치의 행복한 에너지를 한 개인을 넘어 지구촌은 물론 다음 세대에까지 흘려보내는 강력함이 있다. 이러한 플로잉 리더십에 도움이 되었던 또 다른 실천이 바로 명상이었다.

The Flowing Leadership

명 상

명상의 도전

대학원 진학을 위해 여러 주의 대학교를 서칭하며 알게 된 학교가 있었다. 미 중부, 아이오와(Iowa) 주에 위치한 마하리쉬 국제 대학교(Mahrishi International University)였다. 나는 그 대학교를 통해 명상이라는 것을 구체적으로 알게 되었다. 그 이전에는 종교적 색채로 생각해 영적 구도자의 길을 가는 사람들의 전유물로 생각했었는데, 의학적, 뇌과학적 연구 보고를 통해 종교와 상관없이 자신의 내면의 무한한 잠재된 '나다움의 나'를 찾아가는 방법이라는 것을 알게 된 후 편안한 마음으로 실천하게 되었다.

나는 지금도 명상을 하고 있다. 새벽 4시 30분에 일어나 먼저 기도하고, 말씀을 읽고, 명상을 하며 하루를 시작한다. 그리고 보통 오전 6시 30분에서 7시 사이에 아침 식사를 한다. 그래서 특별한 일이 없는 한 점심 식사는 11시 30분 정도에 한다.

처음 명상을 시작할 때 힘들었던 것은 복식호흡이었다. 배에 근육이 없는 상태에서 의식하며 들숨과 날숨에 이완과 수축을 반복하는 것이 편하지 않았다. 그리고 20분이 참으로 길게 느껴졌다. 알람이 울리지 않아 혹시 멈췄나 싶어 눈을 떠 확인해 보기도 했었다. 3일 정도가 지났을 때 20분이 빨리 지나갔고 호흡도 편안해졌다.

처음 호흡에 집중할 때는 다른 생각이 들지 않았는데, 호흡이 편해져 의식하지 않게 되자 다른 생각이 들어오기 시작했다. 그럴 때마다 다시 다 잡고 집중하다 또 생각이 올라오면 다시 다 잡기를 서너번 반복하며 명상을 했었다. 명상 관련 책을 5권 이상 읽으면서 집중할 수 있는 방법을 터득해 실천하기 시작했다. 일주일 정도가 지나자 변화를 느끼기 시작했다.

고요한 마음

마음이 차분해지고 고요함 속에서 평안함을 느꼈다. 그리고 부정적인 감정보다는 긍정적 감정을 더 느끼게 되었다. 광고성 전화를 끊고 나서 또는 시끄러운 소리 등 크고 작게 일어나는 일상에서 마음에 거슬리는 것이 점점 줄어들었고, 어느 날은 마음의 동요를 한 번도 느끼지 않은 적도 있었다. 물이 흐르듯 일상이 자연스럽게 흘러간다는 느낌이 들었다.

그리고 나와 다른 의견이 있을 때, 내가 받아들이기 힘든 것들에 대해 이전과 다르게 편안함으로 수용하게 되어 자기변호나 의견 대립의 실랑이가 없어진 것을 느끼게 됐다. 그러다 보니 자연스럽게 상황보다는 직관에 의한 결정과 선택을 하게 됐다. 그 직관에 의한 선택이 더 좋은 결과를 경험하게 되면서 그것을 더 신뢰하게 됐다.

그러한 평안한 마음은 어떤 상황이 일어나도 일이 손에 잡히지 않는다는 생각을 떨쳐버리게 했다. 왜냐하면 상황과 나를 떨어뜨려 보게 되고, 내 감정과 생각에서 나를 분리할 수 있게 된 자연스러운 결과였다. 제3자 관찰자적 입장으로 나 자신과 일어나는 상황을 볼 수 있게 되자, 조급함이나 분주함이 사라지게 되었고, 마음의 줌이 작동되기 시작했다. 마음의 줌을 밀면 큰 그림을 마음의 줌을 당기면 세밀한 부분까지 자연스럽게 보이기 시작했다. 그리고 생각과 판단이 명료해졌다.

명상의 효과

내가 명상을 통해 받은 가장 큰 도움은 외부의 상황에 휘둘리지 않고 해야 할 일에 집중할 수 있다는 것과 여유가 생겨 긴장이나, 화가 나거나, 조급하지 않게 된 것이다. 그런 이유로 어떤 위급한 상황에서도 당황하지 않게 되었다. 감사한 것은 그러한 상태에서 답이 찾아지고 문제가 해결되는 것을 수없이 경험했다.

이렇게 매일 아침, 저녁 20분을 투자한 것에 비해 엄청난 혜택을 누릴 수 있었기 때문에 이러한 혜택이 더 많은 사람들에게 흘러갔으면 하는 마음이 많았다. 그래서 일단 우리 펌에서 심화 과정을 공부하고 있는 코치들을 대상으로

"명상으로 깊어지는 코치" 방을 만들어 '명상체험하기', 수련을 갖기도 했다. 지금 이 책을 읽고 있는 분들에게도 이러한 엄청난 혜택이 흘러가기를 간절히 바라는 마음이다.

코칭 펌을 운영하면서, 강의, 임원 코칭, 멘토 코칭, 매달 마감해야 하는 수입구조, 진단시스템 개발 등 정말 할 일이 많았다. 그럼에도 불구하고 "The Flowing Leadership"을 마무리 할 수 있었던 것도 명상 덕분이었다. 원고를 마무리했던 한 달가량 줌 강의, 집필, 명상에만 집중했다. 그 많은 상황들과 나를 분리해 글 쓰는 데 집중하기 위해, 클래식 음악 감상, 톡방, 페북, 인스타, 블로그, TV를 차단했다.

짧은 휴식 시간일지라도 이런 것을 접하면 글을 쓰기 위해 연결된 뉴런의 세포가 계속 연결되지 못하고 끊겼다가 다시 연결되는 일을 막고 싶어서였다. 내 뇌세포가 글 쓰는 것으로 계속 연결돼 광케이블의 뇌 길이 되면 더 좋은 시너지가 날 것이라고 생각했기 때문이다. 매일 하루 2번씩 했던 명상이 고요함과 차분함으로 집중하게 했고 분주한 상황으로부터 나를 분리할 수 있게 해주었기에 탈고가 가능했다.

앞으로 갈수록 외부 현실과 상황에서는 해결점과 답을 찾아내기가 지금보다 더 힘들 수밖에 없다. 아무리 빅데이터를 통한 AI가 해결의 답을 준다 해도 거기에도 한계가 있기 마련이다. 인간에게는 물질로 구성된 몸 외에 마음과 에너지장이 있다. 그 에너지장이 주파수의 파동을 통해 무한한 우주의 에너지장을 끌어당겨 증폭되고 증폭된 장으로 되돌아온다. 거기에는 시공을 초월한 엄청난 우주의 정보들이 담겨 있다.

한 보고에 의하면 2011년도에는 이전에 비해 빅데이터 정보량이 1.8ZB(Zetta Byte)나 증가했다고 한다. 이 정보량은 2시간짜리 HD급 영화 2,000억 편의 분량이고, 약 4,875만 명이 18만 년 동안 1분에 트위터 글 3개를 게시해야 가능한 정보량이다. 그런데 2020년도에는 2011년 대비 50배(ZB 본격화 시대)의 기하급수적으로 데이터양이 늘어났다는 것이다.

이러한 빅데이터가 아무리 쌓여도 무한한 우주의 정보를 가득 담고 있는 인간의 직관(에너지장)과는 비교할 수는 없다고 생각한다. 이 빅데이터를 활용하기 위해서는 빅데이터를 분석해야 하는 분야의 지식과 통계적 기법을 토대로 역시 인간의 통찰력이 있어야 하기 때문이다. 분명한 것은 시대가 지날수록 무한한 인간의 내면에서 해결책과 답을 찾을 수밖에 없다고 생각한다.

그러므로 이러한 시대의 트렌드를 넘어 "The Flowing Leadership"의 진정한 '나다움의 나'에서 끊임없이 샘솟는 내적 충만의 무한한 잠재능력을 흘려보내는 영향력이야말로 관계하는 모든 이들에게 선한 영향력을 흘려보내는 리더십의 진수라고 생각한다.

명상은 이러한 선순환의 영향력이 현실에 발을 딛고 흘러가게 해주는 방법으로 단연 탑(Top)의 자리에 있다고 나는 생각한다. 명상의 효과를 기업의 현장, 가정의 공동체, 개인의 삶 속에서 결실된 사례는 수없이 많다. 세계적인 기업의 총수, 유명 영화감독, 영화배우, 가수, 프로야구 선수, 세계적인 방송인 등.

매일 오후 5시 30분, 아이오와 주 페어필드(Fairfield) 거리는 긴 자동차 행렬로 장관을 이룬다. 이유는 함께 명상을 하기 위해 여러 곳에서 사람들이 모여들기 때문이다. 아이오와 주는 그런 불편함을 감수하면서도 MIU대학교를 적극적으로 지원하며 혜택을 주고 있다. 그 이유는 그 학교가 세워진 후 계속되는 집단 명상으로 그 지역의 각종 범죄율이 급격히 줄었기 때문이다.

이러한 영향력이 어디에서 비롯된 것인가? 고요함 속에서 깊은 자신의 내면으로 들어가 무한한 잠재력, '나다움의 나'를 만난 그 힘(power)은 한 개인을 넘어 사랑, 평화, 행복의 높은 룩스의 에너지장을 그 지역 주민들에게 흘려보내기 때문이다. 이런 일들이 세계 곳에서 이뤄진다면 세계는 평화로 하나가 되지 않을까?

실천 워크숍

요약

Chapter 1에서는 끊임없이 샘솟는 옹달샘의 근원과 같은 '나다움의 나'로 선한 영향력을 흘러넘치게 하는 플로잉 리더십(Flowing Leadership)을 위해 고난과 역경과 싸우며 처절히 에고의 허물을 벗어야만 한다고 했다. 왜냐하면 그 에고는 '나다움의 나'가 조각된 착각된 나, 착각된 행복을 추구하게 하기 때문이다. 또한 어떤 어려움에서도 바로 회복할 수 있는 내면의 힘은 고난과 역경을 통해 훈련되기 때문이다.

Chapter 2에서는 그러한 영향력은 내면으로부터 시작되기 때문에 우리의 내면인 의식과 무의식의 관계를 언급했다. 간단히 말하면 의식의 생각이 무의식의 감정에 영향을 주고 그 무의식의 감정은 몸에 영향을 주어 행동을 하게 한다. 그 행동이 다시 의식에 영향을 미치는 순환의 관계라고 이야기했다. 특히 부정적 감정이 올라올 때 저항하거나 부인하지 말고 그냥 그 감정을 인정하고 바라봐 주는 것이 중요하다. 그래서 '나다움의 나'로 존재할 때 진정한 사랑과 행복과 자유를 누리며 선한 영향을 미치게 된다.

Chapter 3에서는 개인에게 있는 에너지장(오라)은 주파수의 파동을 통해 우주에 있는 같은 에너지장을 끌어당겨 증폭되고 증폭되어 되돌아온다. 거기에는 시공을 초월한 엄청난 우주의 정보들이 담겨 있고 그 에너지장의 정보가 우리에게 직관으로 작용하기 때문에 선택에 있어 직관을 반영할 때 이성으로는 설명할 수 없는 기적과 같은 일들을 경험할 수 있게 된다.

어느 순간이든 내게 맞닥뜨린 것들을 저항 없이 바라보게 되면 요동하지 않은 내면의 고요함이 잠수함처럼 내면의 심연으로 점점 들어가 잠재된 능력을 찾아가 만나게 되고, 그 순간 이전에 생각지 못했던 아이디어와 지혜가 샘솟게 된다. 그 내면의 무한한 잠재능력이 곧 '나다움의 나'로 살게 하는 끊임없이 샘솟는 영향력의 근원이기 때문에 거기에서 진정한 행복을 누리게 된다.

Chapter 4에서는 일상에서 이러한 플로잉 리더십을 계속적으로 흘려보내기 위해 도움이 되었던, EFT와 명상에 대해 이야기하면서 진정한 존재 '나다움의 나'를 만날 수 있는 좋은 실천이 명상이라는 것을 사례를 들어 이야기했다.

이처럼 플로잉 리더십의 진수는 '나다움의 나' 즉, 존재 자체에서 샘솟는 무한한 잠재능력(power)이 흘러넘치는 것을 의미한다. 그 진정한 존재가 행복을 느끼는 것이 그 존재의 가치이다. 그래서 '나다움의 나'에 닻을 내린 사람은 존재가치대로 행복을 느끼며 살게 된다. 왜냐하면 '나다움의 나' 진정한 존재가 내면의 무한히 잠재된 능력을 끊임없이 샘솟게 하는 근원이기 때문이다. 이 영향력은 자신을 넘어 관계하는 모든 이들에게 '나다움의 나'를 일깨우는 선순환을 일으키게 한다.

이러한 플로잉 리더십이 나 개인에게 그치는 것이 아

니라 많은 사람들에게 흘러가기를 바라는 마음으로 "4-ing Core Leadership Coaching"의 워크숍 프로그램을 개발하게 되었다. 현재 어떤 조직, 단체, 가정에 속해 있건, 홀로 있건 당신이 처한 그 자리에서 리더십을 발휘하는 존재로 살고 있는 모든 분들에게 열려있는 워크숍이다. 실천편에 워크숍 샘플 내용을 참고 하면 좋을 것 같다. 그리고 구체적인 도움을 원하는 분들은 www.gcncb.com을 방문해 도움을 받을 수 있다.

4-ing Core Leadership Coaching 샘플

　　자신의 진정한 존재, '나다움의 나' 무한한 잠재력을 만나 행복한 가치대로 살기를 원하시는 분, 그러한 영향력을 자신과 관계하는 이들에게 흘려보내 선순환을 경험하고 싶은 분, 모든 관계의 영향력 안에 계신 분들은 누구나 참여할 수 있는 워크숍이다.

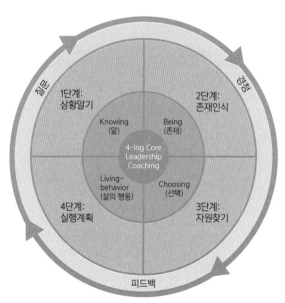

1) Knowing (앎)

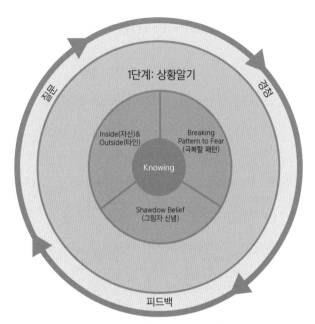

[Copyright © 2019 by K. S. H]

실습: 극복해야 할 패턴 찾아보기

만일 당신이 영희와 같은 상황이라면 그러한 현실을 어떻게 헤쳐갈 수 있겠는가? 당신의 마음을 기록한 후 나눈다.

지금(과거에) 당신에게 영희와 같이 극복해야 할 내적 또는 외적 상황이 있다면 어떤 것이 있는지 기록한 후 나눈다.

현재 그것이 자신과 소속된 조직(가정)에 어떤 영향을 미치고 있는지 깊이 생각해 보고 그 것을 기록한 후 나눈다.

그것을 어떻게 극복하기 원하는지 기록한 후 나눈다.

2) Being(존재)

2단계: 존재인식

질문

경청

Find
Best-Self
(최고의
자아찾기)

Identity Hidden
Strenghts
(숨은 강점
발견하기)

Being

5 Things
Gratitude
(5가지 감사하기)

피드백

[Copyright ⓒ 2019 by K. S. H]

실습: 숨은 강점 찾기

1. 수업 중 가장 좋아했던 3가지 과목은?	2. 당신이 간절히 원하는 것은?	3. 당신은 무엇에 대해 가장 칭찬을 많이 받나?
1.	1.	1.
2.	2.	2.
3.	3.	3.
잠재적 강점:	잠재적 강점:	잠재적 강점:

4. 자기자신에 대해 좋아하는 것은 무엇인가?	5. 당신이 즐겨 하는 것은 무엇인가?	6. 당신에게 활력을 주는 활동은 무엇인가?
1.	1.	1.
2.	2.	2.
3.	3.	3.
잠재적 강점:	잠재적 강점:	잠재적 강점:

7. 당신 스스로에게 자랑스러운 것은 무엇인가?	8. 당신을 독특하게 만드는 지식 삶의 경험은?	9. 당신만이 할 수 있는 특별한 기술은 무엇인가?
1.	1.	1.
2.	2.	2.
3.	3.	3.
잠재적 강점:	잠재적 강점:	잠재적 강점:

어떤 패턴과 주제가 주목되는지 기록한다.

`

1–9번까지 주목되는 강점은 무엇인지 5가지를 기록한다.

3) Choosing(선택)

[Copyright © 2019 by K. S. H]

실습: 진실 vs 착각

다음의 이야기를 읽고 진실과 착각에 대해 서로 이야기 나눈다.

"민희네 가족은 휴가차 산행을 하고 있었다. 그런데 빙판진 호수를 만났다. 아빠는 지체하면 햇빛에 얼음이 녹아 호수를 건너기 위험해지니 상황이 나빠지기 전에 빨리 움직이자고 했다. 엄마는 이렇게 이야기 했다. '여보 아직 해가 중천에 뜨려면 시간이 있으니 민희도 배고파 하는데 아침 식사를 하고 출발을 해도 괜찮을 것 같아요! 아빠 그때까진 괜찮을 것 같으니 서두르지 말고 아침을 먹고 가자고 민희도 이야기했다."

어떤 것이 진실이고 어떤 것이 착각인지 생각해 보고 기록해 본다.

생각의 진실

생각의 착각

실습: 그다음 스텝으로의 도전

이제 당신이 진정으로 더 좋은 것을 받을 수 있는 자격이 있다고 믿는다면 이제 당신이 해야 할 것은 무엇인가?

만약 당신이 위 질문에 답한 그 생각으로 행동한다면 당신이 속한 조직(공동체, 관계하는 이들)에 어떤 영향력을 미칠 수 있는가?

4) Living-behavior(삶)

[Copyright ⓒ 2019 by K. S. H]

실습: 나의 습관 돌아보기

본인의 식사습관, 운동 습관에 대해 이야기 하고 현재 하고 있는 운동량에 대해 나눠보라.

어떻게 하면 좋은 식사습관과 규칙적인 운동을 할 수 있는지 SMART하게 계획을 세워 나눠본다.

하루 동안 당신이 사용하고 있는 언어를 생각해 보고, 자신이 반복해서 자주 쓰는 단어는 어떤 것이 있는 기록하고 나눈다.

내가 자주 사용하는 언어들에 가장 영향을 받는 사람은 누구인가?

명상일지

날짜	소요유시간	방법	느낌

명상 후 쓰는 아침일기

정리된 마음	
오늘 해야 할 일	
미래의 다짐	
스케줄 챙김	

목표기록일지

매일 아침 당신이 이루고 싶은 목표들을 기록해보세요.

-
-
-
-
-
-
-
-
-
-
-
-
-
-
-
-

감정 Checking List

날짜		사건(이유)	내면의 상태	나의 반응	반응의 결과
	오전				
	오후				
	오전				
	오후				
	오전				
	오후				
	오전				
	오후				
	오전				
	오후				
	오전				
	오후				
	오전				
	오후				
	오전				
	오후				
	오전				
	오후				
	오전				
	오후				
	오전				
	오후				
	오전				
	오후				

The Flowing Leadership

에 필 로 그

나는 "The Flowing Leadership"을 집필하는 동안 이 책이 좋은 에너지장이 되기를 간절히 바라는 마음으로 글을 썼다. 왜냐하면 이 글을 읽고 있는 독자들에게 질 높은 행복과 평화가 흘러가기를 바랐기 때문이다. 가슴을 울리는 감동은 숙련된 솜씨가 아닌 진실한 깨달음에서 오는 힘이라 여겨 어렵고 힘겨웠던 내 생의 마디마디를 주저함 없이 이야기할 수 있었다.

역사에 획을 그었던 위대한 발견과 기여는 아주 작은 개인의 깨달음에서 시작되었고, 그 깊은 깨달음은 진정한 '나다움의 나' 존재 자체에서 흘러나오는 무한한 잠재력의 힘(power)이었다. 에디슨, 헬렌 켈러, 휴바이처, 스티븐 호킹, 링컨, 크리스토퍼 리브, 윈스턴 처칠, 조앤 롤링 외 헤아릴 수 없이 많다.

이러한 무한한 잠재능력은 이제껏 우리가 알고 있는 위대한 인물들에게게만 있는 것이 아니라는 사실을 독자들과 많은 이들에게 전하고 싶었다. 이 땅에 존재하는 모든 사람에게는 이러한 무한한 잠재력이 내재해 있고 그 잠재력은 '나다움의 나' 진정한 존재로 존재할 때 발휘된다는 사실을. 끊임없이 샘솟는 옹달샘의 공동과 같은 근원이 바로 '나다움의 나', 진정한 존재라는 사실을 전하고 싶었다.

내 생애 가장 어렵고 힘겨웠던 고난의 기간, 미국에서의 10년은 이러한 나를 확인하고, 그렇게 살아갈 때 나로서는 상상할 수 없는 기적과 같은 일들을 경험하게 했다. 그리고 그것이 진정한 영향력이라는 깨달음이었다. 그래서 우리 인생에 맞닥뜨린 모든 고난을 감히 '상(reward)'이라고 이야기할 수 있게 되었다. 내게 있어 그것이 바로 "The Flowing Leadership"이었다.

이 책을 읽고 있는 독자들 역시 진정한 존재, '나다움의 나'를 만나 내가 받은 그 이상의 '상'을 경험하기를 간절히 바라는 마음이다. 그래서 그 질 높은 에너지장, 사랑, 평화, 기쁨이 계속 흘러 흘러 이 세상이 가장 아름답고 밝은 빛의 에너지장으로 모두 하나 되기를 또한 간절히 바란다.

　　우리가 답을 찾지 못하는 이유는 답이 없는 곳에서 답을 찾기 때문이다. 당신의 인생의 모든 문제의 답은 이미 곳곳에 심겨져 있다. 그것을 찾아낼 수 있는 능력은 '나다움의 나' 진정한 당신의 존재인 내면에 있다는 사실이다. 당신에게 "The Flowing Leaderhip"이 그 키가 되기를 간절히 바란다.

참 고 문 헌

심리/몸/에너지/명상

1. Ken Wiber, Integral Psychology, Shambhala, 2008(학지사, 2008)

2. Murray Steon, Jung's Map of the Soul, Open Court, Illustrated, 1998(문예출판, 2015)

3. Daniel Kahneman, Thinking Fast and Slow, Penguin, 2011(김영사, 2011)

4. Dr. David R. Hamilton, How Your Mind Can Heal Your Body, Hay House (UK), 2008((불광출판사, 2012)

5. Amrmold Mindell, The Quantum Mind and Healing, Hampton Roads, 2004(학지사, 2013)

6. John Diamond, Life Energy, Pargon House, 2014

7. Gary Craig, The EFT Manual, 1980.

8. (사) 한국산림치유포럼, 산림치유, 2009

9. David R. Hawkins, Power vs. Force, Veritas, 1997(한문화, 2008)

10. _____, Letting Go, Veritas, 2013(판미동, 2013)

11. _____, The Eye of the I, Hay House, 2013(판미동, 2014)

12. _____, Discovery of the Presence of God, Veritas, 2013(판미동, 2008)

13. Eckhart Tolle, The Power of Now, New World Livrary, 2010(양문, 2001)

14. Michael A. Singer, Three essays on Univeral law, Shanti Publications, Inc, 1975

15. _____, The Untethered Soul, New Harbinger Publications, 2007(라이팅 하우서, 2014)

16. Leonard, Jacobson, Journey into Now, Conscious Living Publication, 2007(침묵의 향기, 2010)

17. Gregg Braden, Secrets of the Lost Mode of Prayer, Hay

House Inc., 2016(굿모닝미디어, 2009)

18. Erich Fromm, To Have or To Be?, Open Road Media, 1979(까치, 2007)

19. 월인, 관성을 넘어가기-가정의 대해부, Herenow히어나우시스템, 2013

20. ____, 깨어있기 의식의 대해부, Herenow히어나우시스템, 2013

22. Jack Forern, Transcendental Meditation:The Essential Teachings of Maharishi Mahesh Yogi, Hay House Inc. 2012

23. Andy Puddicombe, The Headspace Guide to Meditation and Mindfulness, St. Martin's Griffin, 2016(스노우폭스북, 2020)

24. 장현갑, 명상에 답이 있다, 담앤북스, 2019

25. ____, 명상이 뇌를 바꾼다, 불광출판사, 2019

리더십/자기계발

26. Daniel Goleman, Emotional Intellegence, Aantam, 1995(웅진지식하우스, 2005)

27. _____, Social Intelligence, Aantam, 2006(웅진
지식하우스, 2006)

28. _____, Focus:The Hidden Driver of Excellence.
Happer, 2013(리더스북, 2014)

29. Stephen R. Covey, Principle-Centered Leadership,
RosettaBooks, 1997(김영사, 2001)

30. Dale Carnegie, How to win friends and Influence People,
Sanage Publishing House, 2009(미래지식, 2011)

31. Hans Rosling, Factfulness, Sceptre, 2018(김영사, 2019)

32. Wendy Wood, Good Habits, Bad Habits, Farrar, Str면 뭉
Giroux, 2019(다산북스, 2019)

33. Jeffrey Hull, Flex:The art and Science of Leadership,
Tarcherperigee, 2019(갤리온, 2020)

34. Ken Robinson, Lou Aronica, The Element:How Finding
Your Passion Changes Everthing, Penguin Books, 2008 (21
세기북스, 2016)

35. Kevin Cashman, Leadership from the Iside Out, Breertt-
Koehler Puvlishers, 2008(시그마북스, 2014)

36. Robert Steven Kaplan, What to Ask the Person in the Mirror, Harvard Business Review Press, 2011(교보문고, 2012)

37. Mike Bayer, Best Self, Dey Street Books. 2018(로크미디어, 2019)

38. Marshall Goldsmith, Mark Reiter, Tiggers:Spearking postive change and making it last, 2015(다산북스, 2016)

39. Napoleon Hill, The Law of Success in Sixteen Lessons, ATOZ Classics, 2000(중앙경제평론사, 2007)

40. Hal Elrod, The Miracle Morning, Mriacle Morning Publishing, 2012(한빛비즈, 2016)

41. Linda Graham, Resilience, New World Library, 2018

42. Mihaly Csikszentmihalyi, Fkow:The Psychology of Optimak Experience, 1990(한울림, 2004)

뇌과학/양자물리학

43. Caroline Leaf, The Gift In You, Thomas Nelson Icn, 2009

44. _____, Switch on Your Brain, Baker Books, 2013(순전한 라드, 2015)

45. Timothy R. Jennings, The God-Shaped Brain:How Changing Your View of God Transforms Your Life, IVP Books, 2013(CUP, 2015)

46. Friederike Fabritius, Hans W. Hagemann, The Leading Brain, TarcherPergee, 2017(빈티지하우스, 2018)

47. Joe Dispenza D.C., Evolve Your Brain:The Science of Changing Your Mind, Health Communications, Inc, 2007(한언, 2009)

48. Michio Kaku, The Future of the Mind, Doubleday, 2014(김영사, 2015)

49. Stephen W. Hwaking, The Illustrated Brief History of Time, Bantam, 1996((까치, 1998)

50. Manjit Kumar, Quantum;Einstein, Bohr, and the Great debate about the Nature of Reality, W,W. Norton & Company, 2011(까치, 2014)

미주

1 이헌자, 인생의 옹달샘, 도서출판 서번트십, 2009.
2 teamHoyt.com
3 Kitty Ferguson, Stephen Hawking: Life and Work, Black Swan, 2011
4 Alexander Altrnann, Moses Mondelssohn: A Biographical Study, University of Alabama Press, 1973.
5 https://www.bbc.com/news/uk-england-london-21564489
6 https://tv.kakao.com/channel/3160777/cliplink/390457390

The Flowing Leadership

초판발행   2021년 4월 25일

지은이   김선화
펴낸이   노 현

편 집   정수정
기획/마케팅   정성혁
표지디자인   이미연
제 작   고철민 · 조영환

펴낸곳   ㈜ 피와이메이트
              서울특별시 금천구 가산디지털2로 53 한라시그마밸리 210호(가산동)
              등록 2014. 2. 12. 제2018-000080호
전 화   02)733-6771
f a x   02)736-4818
e-mail   pys@pybook.co.kr
homepage   www.pybook.co.kr
ISBN   979-11-6519-163-4 03320

정 가   12,000원

박영스토리는 박영사와 함께하는 브랜드입니다.